金門鸕鶿季
生態旅遊議題之研究

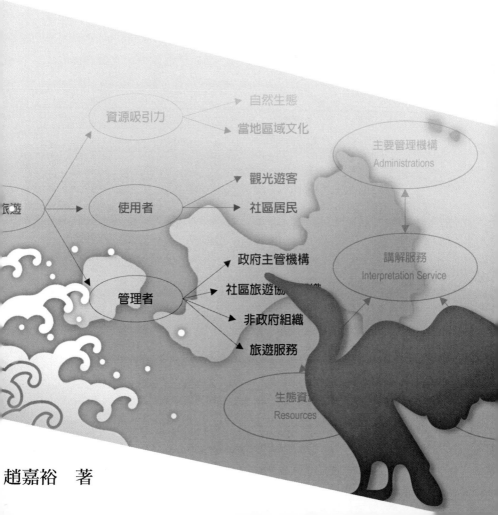

自然生態
資源吸引力 → 當地區域文化

主要管理機構
Administrations

觀光遊客
旅遊 → 使用者 → 社區居民

政府主管機構
社區旅遊協 講解服務
管理者 → 非政府組織 Interpretation Service
旅遊服務

生態資
Resources

趙嘉裕　著

校長序

　　金門是每年冬季候鳥南來北往遷徙最主要中繼點,許多候鳥利用金門諸島歇腳,稍作休息後再出發南下避冬,或就此停棲、繁殖。這些候鳥種類眾多,其中又以鸕鶿為代表,其數量多且體型大,每當晨昏往返棲息地與潮間帶覓食與停棲時正是觀賞最佳的時機,亦是生態旅遊的好地點。金門發展生態旅遊是吸引觀光客到金門旅遊的一種方式,也是未來金門發展旅遊的基石。

　　本校趙嘉裕老師在觀光管理系任教,在校講授生態觀光及觀光休閒等相關課程,於認真教學及兼任進修推廣部組長行政職務之餘,並一直專注生態旅遊及休閒觀光有關議題之研究,本身熱愛金門地區的生態,此次撰寫有關金門地區鸕鶿季活動在生態旅遊相關議題的研究,非常符合金門地區生態旅遊之發展。

　　本書對於金門地區鸕鶿季活動在生態旅遊相關議題均有深入的研究分析,為金門地區生態旅遊研究提供了學術上與實務上重大的參考價值。由於本校刻正規劃從技職院校轉型為綜合大學,日後金門生態旅遊的相關議題勢必是未來金門大學之教學及研究重點。本人期盼趙君能賡續致力於其相關研究領域,並立即有新的成果問世,特於此新書出版前夕,謹綴以上數言,聊表賀忱。

李金振

國立金門技術學院校長

中華民國 98 年 11 月

自序

　　生態旅遊是提供環境教育機會，加強觀光旅遊者對環境認知進而促進保育生態的旅遊方式。做到關懷當地社區並使旅遊行為可能產生對環境產生之負面衝擊降至最低，同時結合對當地居民的社會責任，並配合適當的管理，在不改變當地原始生態與社會結構的範圍內，從事休閒遊憩與深度體驗的活動。

　　金門發展生態旅遊是吸引觀光客到金門旅遊的一種方式，也是未來金門發展旅遊的基石，應以自然人文景觀及結合復古的特色，必能創造新契機。金門地區發展生態旅遊之重點方向之一如：金門鸕鷀季生態旅遊活動，能讓遊客深入的認識並體驗自然生態之美，並透過解說教育、透過解說員的帶領與講解，使觀光客對金門的自然生態留下深刻美好的印象，分享金門的生態資源。

　　本書撰寫研究之目的在探討金門地區所舉辦的金門鸕鷀季活動，對於在生態旅遊觀賞價值、周邊服務與附屬價值等議題上的影響關係。採用結構方程模式的統計運算方式，建立生態旅遊觀賞價值、周邊服務與附屬價值模式，再驗證模式的建構效度，分析模式之間變數的關係。

　　本書得以付梓，首要感謝秀威資訊科技股份有限公司詹靚秋小姐的協助，更要感謝國立金門技術學院李金振校長及觀光管理系陳建民主任的愛護與關心，感謝學校提供良好的研究環境，使我得以專心研究，一併感謝所有關心與鼓勵我的人。金門處於偏遠離島地區，其資源並非豐沛，在教學及研究上更為艱難，在資料的取得上

實為不易，本書撰寫過程雖力求嚴謹審慎，但筆者才疏學淺，恐有任何疏漏，尚祈各界先進不吝斧正。

趙嘉裕　謹識

中華民國 98 年 11 月

目　次

校 長 序 i

自　　序 iii

第 壹 章　緒論 1

　　第一節　研究動機與背景 1

　　第二節　研究目的 4

　　第三節　研究問題 5

　　第四節　研究範圍 5

　　第五節　研究限制 6

　　第六節　研究流程 6

　　第七節　名詞解釋 10

第 貳 章　文獻探討 13

　　第一節　金門鸕鷀季介紹 13

　　第二節　觀賞價值之理論與相關研究探討 23

　　第三節　周邊服務之理論與相關研究探討 45

　　第四節　附屬價值之理論與相關研究探討 59

　　第五節　本章總結 69

第 參 章　研究方法..75

　　第一節　研究架構..75

　　第二節　問卷的編製過程............................76

　　第三節　模式的建構過程............................89

　　第四節　研究對象、抽樣方法與樣本數........94

　　第五節　資料收集與統計分析....................94

第 肆 章　研究結果..95

　　第一節　人口統計變項................................95

　　第二節　假設模式驗證................................99

　　第三節　模式的影響關係..........................105

　　第四節　模式的影響效果..........................106

第 伍 章　討論與建議....................................111

　　第一節　討論..111

　　第二節　建議..119

參考文獻　..123

表目次

表 2-1　歷年活動相關資料.. 22

表 2-2　相關景點彙整表.. 30

表 2-3　相關研究彙整表.. 43

表 2-4　相關研究彙整表.. 56

表 2-5　相關研究彙整表.. 67

表 3-1　問卷題項內容摘要表.. 79

表 3-2　生態旅遊觀賞價值項目分析摘要表.................................... 82

表 3-3　周邊服務項目分析摘要表.. 83

表 3-4　附屬價值項目分析摘要表.. 84

表 3-5　生態旅遊觀賞價值 KMO 與 Bartlett 檢定摘要表 86

表 3-6　生態旅遊觀賞價值因素分析摘要表.................................... 86

表 3-7　周邊服務 KMO 與 Bartlett 檢定摘要表............................... 87

表 3-8　周邊服務因素分析摘要表.. 87

表 3-9　附屬價值 KMO 與 Bartlett 檢定摘要表............................... 88

表 3-10　附屬價值因素分析摘要表... 88

表 3-11　潛在變數與觀察變數摘要表... 90

表 4-1　人口統計變項摘要表.. 97

表 4-2　模式配適度指標量表.. 100

表 4-3　模式配適度指標量表 103

表 4-4　模式的影響關係 106

表 4-5　模式之變數影響效果摘要表 108

表 4-6　題項與模式圖對照表 109

圖目次

圖 1-1　研究流程圖 9

圖 2-1　鸕鶿 15

圖 2-2　觀賞評估架構 24

圖 2-3　生態旅遊組合架構 25

圖 2-4　旅遊行程規劃 27

圖 2-5　鸕鶿觀賞地圖 33

圖 2-6　講解元素關係圖 38

圖 2-7　旅遊活動概念圖 46

圖 2-8　旅遊模式圖 47

圖 2-9　旅遊路線圖 48

圖 2-10　旅遊路線空間模式圖 50

圖 2-11　顧客滿意構成要素 63

圖 3-1　研究架構圖 77

圖 3-2　生態旅遊觀賞價值、周邊服務與附屬價值假設模式圖 92

圖 4-1　假設模式圖 101

圖 4-2　模式修正圖 104

第壹章　緒論

第一節　研究動機與背景

　　一般開發觀光景點與行程均造成交通與環境污染，地質地形改變，生態整體環境破壞受到影響，1960 年代中期生態旅遊概念，以維護天然景點和人文資源，減少遊客對當地自然環境的衝擊，呈現野生動物多元化的特性，並且能夠增加當地居民收入來源及就業機會等永續發展為目標（鄭勝華，2003）。

　　2002 年我國交通部觀光局推動生態旅遊計劃與訂定生態旅遊年，政府及民間旅行業者進行教育宣導與推廣，活動包括遴選生態旅遊地點、擬訂生態旅遊相關規範、生態旅遊行程的規劃等，2005 年行政院國家永續發展委員會的生態旅遊白皮書，以生態旅遊的觀念與精神為主軸，開發生態旅遊相關活動，其中包含推動旅遊地點分級的制度、規範與落實生態旅遊地區的管理相關事項與推動健全的生態旅遊活動（劉瓊如，2007）。

　　自然生態旅遊不但要針對景點特色規劃行程，更要注重（宋秉明，1995；謝孟君，2003；Blamey, 2001；Honey, 2001；Muller, 2000）：

（一）生態資源、保育教育與觀光旅遊三者間的平衡性。

（二）減少遊客對生態環境的破壞。

（三）提倡自然保育與旅遊發展目的同時兼具之休閒活動。

　　金門自然環境生態因為之前軍事嚴格控管保護，60%以上植栽覆蓋率而成為高達兩百七十八種以上鳥類的棲息地（金門國家公園，2006；金門鸕鶿季，2009a）。候鳥的主角——鸕鶿常成群聚集在海岸及湖泊活動，而金門慈湖是圍海築堤的鹹水湖，林區溼地眾多、魚蝦豐富，成為鸕鶿最大棲息地，也是賞鳥最佳去處（金門鸕鶿季，2009b）。

　　金門縣政府與內政部營建署金門國家公園管理處自 2003 年起，每年 11 月至隔年 1 月份舉辦「金門鸕鶿季」生態旅遊推廣活動：

（一）2003 年以深度觀賞、了解鸕鶿習性及提昇金門地區觀光旅遊價值（金門縣政府，2003）。

（二）2004 年以特殊的金門風味餐、高粱酒暢飲、鸕鶿季專屬帽子、浯州飛羽賞鳥書籍、環保背包及摸彩等活動（金門縣政府，2004）。

（三）2005 年行銷金門觀光和活絡金門經濟目標，結合地區產業及旅行業，輔導產業 e 化，加強產業行銷、協助商家業者架設網站、推廣旅遊護照、結合餐飲業等（金門縣政府，2005）。

（四）2006 年建立生態旅遊模式，推出金門傳統古厝及生態之旅、金門鳥友大會師，以及金城鎮公所舉辦古垵營區軍事體驗園遊會（金門縣政府，2006）。

（五）2008 年以金門古厝與觀賞金門冬候鳥鸕鶿的自然生態為主軸，結合單車與擎天廳的開放，設計新穎深度旅遊行程，深度體驗金門自然、人文各項在地特色的風景，品嘗金門傳統風味餐（金門國家公園，2008；金門縣政府，2008）。

　　金門生態旅遊展現自然的花崗岩地形，古厝、僑鄉文化與戰地文化，其旅遊價值包括自然生態行程的規劃，觀賞鸕鷀等候鳥的活動，獲得自然生態保育的知識（吳忠宏，2007；吳忠宏、黃文雄、李介祿、李雅鳳，2007），讓民眾了解生態旅遊的涵義，推廣生態保育教育意義，提供新的保育概念，達到觀賞功能（劉瓊如，2007；營建署，2005；Ross & Wall, 1999a, 1999b；Wight, 1993）。

　　金門地區的旅遊活動，由於沒有鐵路運輸，缺乏捷運便利的系統，對台灣的交通以航空為主，海上航運為輔，對於小三通則是以航運為主。所以在金門旅遊交通方面必須仰賴公車、遊覽車、計程車、機車、單車或是步行（金門鸕鷀季，2009k；Lue, Crompton, & Fesenmaise, 1993）。加上住宿的飯店旅館有限，金門當地居民以自行烹煮為主，飯店食堂等膳食服務更是要及早預訂（金門鸕鷀季，2009l，2009m）。本研究將金門旅遊的搭配服務列為：

（一）交通接駁。

（二）膳食住宿。

　　金門鸕鷀季的生態旅遊活動以自然資源為基礎，建立經營管理制度，推動生態保育與環境教育，在生態景點設置教育解說標誌，直接或間接提供生態保育的知識，生態自然中心動態語音服務，電視螢幕牆訊息重覆播放，擺放景點服務的摺頁說明，專業講解人員以流暢口語配合生態保育教育題材，提供遊客保育知識（吳忠宏、黃文雄、李介祿、李雅鳳，2007；林晏州、Peterson、林寶秀、Champ，2007；彭國棟，2008；趙芝良，1996；Buckley, 1994）。金門擁有許多歷史人文背景、戰地及人文史蹟、聚落文化

古蹟、戰役遺蹟、島嶼自然生態、傳統慶典、古厝民宿或特殊產業活動，利用自然生態旅遊活動，讓民眾更深層認識金門，提昇整體經濟發展（李琮閔，2004）。因此本研究將金門鸕鷀季的附屬價值歸類為：

（一）生態保育教育。

（二）宣傳金門。

第二節　研究目的

　　本研究探討金門鸕鷀季生態旅遊觀賞價值、周邊服務與附屬價值之影響，研究目的陳述如下：

（一）探討金門鸕鷀季生態旅遊民眾之人口統計變項。

（二）編製金門鸕鷀季生態旅遊觀賞價值、周邊服務與附屬價值問卷，測試信度與效度之後，建構金門鸕鷀季生態旅遊觀賞價值、周邊服務與附屬價值模式。

（三）驗證金門鸕鷀季生態旅遊觀賞價值、周邊服務與附屬價值模式的信度。

（四）探討金門鸕鷀季生態旅遊觀賞價值、周邊服務與附屬價值模式的影響關係。

（五）分析金門鸕鷀季生態旅遊觀賞價值、周邊服務與附屬價值模式的影響效果。

第三節 研究問題

（一）探討金門鸕鶿季生態旅遊民眾之人口統計變項分佈的情況？

（二）編製金門鸕鶿季生態旅遊觀賞價值、周邊服務與附屬價值問卷，測試信度與效度之後，建構金門鸕鶿季生態旅遊觀賞價值、周邊服務與附屬價值模式是否成立？

（三）驗證金門鸕鶿季生態旅遊觀賞價值、周邊服務與附屬價值模式的信度，是否需要修正？

（四）金門鸕鶿季生態旅遊觀賞價值、周邊服務與附屬價值模式之間的變數是否具有顯著的影響關係？

（五）分析金門鸕鶿季生態旅遊觀賞價值、周邊服務與附屬價值模式之間的變數是否具有顯著的影響效果？

第四節 研究範圍

本研究以 2008 年 11 月 6 日至 12 月 20 金門鸕鶿季期間，旅遊團體的民眾為研究對象，研究範圍探討金門鸕鶿季生態旅遊觀賞價值、周邊服務與附屬價值之間的關係，建構金門鸕鶿季生態旅遊觀賞價值、周邊服務與附屬價值模式，並分析變數之間影響關係與影響效果。

第五節　研究限制

本研究以金門鸕鶿季生態旅遊觀賞價值、周邊服務與附屬價值為研究主題，以 2008 年金門鸕鶿季生態旅遊的民眾為調查對象，對於平時到訪金門觀光旅遊的相關研究結果可能產生主題方面的誤差。

僅針對旅遊團體附有隨團講解導遊服務人員的民眾進行抽樣，以符合本研究有關生態教育相關的主題。

抽樣方式以便利抽樣法進行資料的收集，樣本的代表性方面較為薄弱，2009 年金門鸕鶿季生態旅遊的活動如果修正，相關問卷題項與模式也可能需要加以修正，才能合乎後續研究的使用。

第六節　研究流程

本研究以金門鸕鶿季生態旅遊為依據，進行觀賞價值、周邊服務與附屬價值研究主題的訂定，研究流程敘述如下。

一、訂定研究主題

根據 2008 年金門鸕鶿季生態旅遊為依據，訂定研究主題為金門鸕鶿季生態旅遊觀賞價值、周邊服務與附屬價值影響之研究。

二、相關資料收集

　　搜集金門鸕鶿季生態旅遊相關的資料，對於觀賞價值、周邊服務與附屬價值方面的相關研究進行閱讀、整理與分析。

三、訂定研究架構

　　對於金門鸕鶿季生態旅遊研究主題，訂定觀賞價值、周邊服務與附屬價值影響關係的架構。

四、問卷製作

　　經由研究主題與架構的對照，參考相關文獻、理論與問卷，製作本研究的問卷。

五、問卷的效度、信度分析與修正

　　依據內容效度編製研究問卷之後，進行專家效度分析，再運用預試進行項目分析，因素分析、內部一致性係數分析等信度分析，進行修正以符合本研究的使用。

六、模式的建構

　　根據測試後的問卷與因素分析建構的因素，建構金門鸕鶿季生態旅遊觀賞價值、周邊服務與附屬價值模式。

七、模式的考驗

對於所建構的金門鸕鶿季生態旅遊觀賞價值、周邊服務與附屬價值模式進行考驗與分析，如果有必要則需要進行結構方程模式修正。

八、影響關係與影響效果分析

模式驗證之後，分析變數與變數之間的影響關係以及影響效果分析。

九、建議與後續研究

對於模式的建構、影響關係與影響效果分析之後，提出對於金門鸕鶿季生態旅遊觀賞價值、周邊服務與附屬價值的建議，並提出後續研究進行的方向。

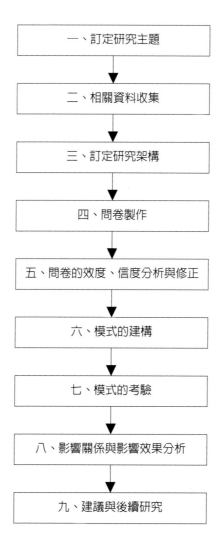

圖 1-1 研究流程圖

第七節　名詞解釋

一、金門鸕鶿季

　　金門縣具有多元化生態資源環境及旅遊觀光景點，鸕鶿是金門冬候鳥群中的主角，群聚在金門和小金門的四周海岸及湖泊活動，附近林區溼地水鳥群集，是賞鳥的最佳去處，金門縣政府與內政部營建署金門國家公園管理處自 2003 年起，每年 11 月至隔年 1 月份共同攜手策辦「金門鸕鶿季」旅遊推廣的活動，提昇金門地區觀光旅遊價值，提供高品質、豐富多元化的生態旅遊（金門縣政府，2003，2004，2005，2008；金門鸕鶿季，2009b）。本研究所指金門鸕鶿季即是金門縣政府與內政部營建署金門國家公園管理處每年 11 月至隔年 1 月份所舉辦「金門鸕鶿季」旅遊推廣的活動。

二、生態旅遊

　　生態旅遊主要是運用當地自然資源，規劃自然生態環境的旅遊觀賞景點與行程動線，讓觀光客可以從全程旅遊中藉此學習生態保育的觀念，以達到生態保育教育的意義，甚至獲得較新的生態保育概念，及同時達到旅遊觀賞的功能（劉瓊如，2007；營建署，2005）。本研究所指生態旅遊是金門鸕鶿季活動期間，自然生態保育與賞候鳥等生態旅遊活動。

三、觀賞價值

　　生態旅遊的觀賞價值必需同時考量觀賞的遊客、當地的居民、自然資源的管理及承辦活動的單位等所有相關權益關係人的想法,符合永續倡導發展宗旨,兼顧生態區域當地的經濟活力、環境的健全與社會公平等目標（Wight, 1993）。Ross and Wall（1999a, 1999b）提出觀光景點的當地社區、觀光遊客及生態資源等三者可相互聯結成為一個共同的主體,形成生態旅遊景點觀賞價值的評估架構。本研究所指觀賞價值是指藉由金門鸕鶿季旅遊活動,透過講解與服務而了解自然生態對當地與觀光的重要觀賞價值。

四、周邊服務

　　旅遊行程規劃之後,最重要的周邊服務包括交通接駁與膳食住宿,不同的行程規劃路徑將影響交通工具的選擇及接駁動線的方式,遊客選擇旅遊途徑中充分利用各種遊憩設施,也會影響交通接駁與膳食住宿的方式。本研究所指周邊服務即是金門鸕鶿季活動期間,即是金門地區提供觀光遊客的行政服務資訊涵蓋交通接駁及膳食住宿等訊息。

五、附屬價值

　　生態旅遊以自然資源為基礎,永續經營的管理制度,主管機構支持生態保育以及規劃環境教育計劃（趙芝良,1996；Buckley,

1994）。生態旅遊是支持保育的旅遊，在生態景點中設置解說服務及教育標誌，針對遊客規劃不同的教育計劃或主題，直接或間接給予生態保育組織在經濟上的支援。本研究所指附屬價值即是藉由金門鸕鷀季的活動，除了生態旅遊之外，還可以對遊客宣導生態保育教育以及宣傳金門的觀光旅遊活動。

第貳章　文獻探討

第一節　金門鸕鷀季介紹

　　金門因為之前軍事用途的定位，在相關軍管時期嚴格的控制與管理之下，整體的自然環境生態受到相當嚴密的保護，金門與小金門等島嶼的海岸線，擁有潔淨綿延的沙灘，清澈碧藍的海水，加上湛藍的天空，以及植樹的習俗造成遍地綠樹成蔭，具有高達 60% 以上的植栽覆蓋率。這種自然環境也就成為各種鳥類棲息的天堂，而且目前已經發現有高達兩百七十八種以上的鳥種在金門等地棲息或是過冬，其中以鸕鷀屬於具有定期遷徙行為的候鳥。鸕鷀在每年的 10 月下旬左右，由高緯度寒冷的北方地區，飛到長江以南的湖泊，飛抵金門地區過冬，直到隔一年的 3 月底左右，才又陸續的飛返到長江以北的地區，進行牠們求偶繁殖與成長的過程。鸕鷀無論夏季時在繁殖區的生活或是冬季在越冬區的行為，牠們的生活習性都是屬於群聚性的，是一種屬於日行性的鳥類，在白天時分聚集在洲渚等沙洲林間，晚間則是群體飛到樹林的上層，藉以棲息過夜（金門國家公園，2006；金門鸕鷀季，2009a）。

一、生態旅遊起源

　　從世界各地的觀光景點開發過程與行程的規劃當中，大部分的景點開發均會造成交通堵塞，土質與地形因為修建重整而轉變，自

然生物的棲息區也會因為觀光景點過度開發而遭受破壞，危及生態的整體平衡而且環境也受到影響。為避免地球寶貴資源因人類不當行為破壞造成土壤流失與資源不斷減少，創造整體生態環境的平衡面，專家學者則是不斷的呼籲大家要重視以及倡導生態環境保育與維護的重要觀念，基於此種保護環境的理由，生態旅遊型態也逐漸轉型因應而產生。因此在 1960 年代中期時，就產生有關生態旅遊的概念（鄭勝華，2003），其範圍涵蓋：

（一）維護旅遊觀光景點的天然資源和人文社會背景的保存。

（二）減少因為觀光遊客的疏忽而對當地自然環境造成的衝擊。

（三）展現生物多元性的面貌。

（四）從增加當地居民收入來源考量。

（五）創造就業機會等永續發展的目標。

生態旅遊是屬於自然導向的旅遊概念當中的其中一項活動，針對自然景觀特色而精心規劃旅遊的行程，其過程也注重生態資源，強調保育教育，以及對於觀光旅遊三者之間的平衡性，以求減少遊客對生態環境的破壞，提倡自然保育活動當中，兼顧旅遊發展目的同時具有休閒的活動（宋秉明，1995；謝孟君，2003；Blamey, 2001；Honey, 2001；Muller, 2000）。

2002 年由交通部觀光局核准推動的「生態旅遊計劃」當中，也同時訂定 2003 年為「生態旅遊年」，經由政府及民間旅行業者合作推動，展開一系列的宣導作業和推廣活動（劉瓊如，2007），包含：

（一）遴選生態旅遊的地點。

（二）擬訂生態旅遊的相關規範。

（三）生態旅遊行程的規劃等。

　　2005 年由行政院國家永續發展委員會研擬「生態旅遊白皮書」，則是以生態旅遊的觀念與精神為核心的發展主軸，積極的開發生態旅遊相關的活動（劉瓊如，2007），包含：

（一）推動旅遊地點分級的制度。

（二）規範與落實生態旅遊地區的管理相關事項。

（三）推動健全的生態旅遊活動。

二、金門鸕鷀季活動介紹

　　金門地區是個擁有多元化的生態資源環境以及休閒旅遊觀光景點的地方，鸕鷀數量眾多也是金門冬季候鳥群當中的主角，如圖 2-1 所示，鸕鷀常成群的聚集在金門和小金門四周海岸以及湖泊附近活動，其中慈湖是築堤防並且將海水圍堵流通而成的鹹水湖，湖裡魚蝦豐富，附近的林區充滿溼地造成水鳥群集，是賞鳥的最佳去處，而慈湖也成為最大的鸕鷀棲息地（金門鸕鷀季，2009b）。

圖 2-1　鸕鷀

資料來源：（金門鸕鷀季，2009b）。

　　為了吸引更多的觀光客能夠進行深度觀賞，藉由活動了解鸕鷀的生活習性，另一方面也可以豐富金門當地的收入，也可以提昇金門地區的觀光旅遊價值，金門縣政府與內政部營建署金門國家公園管理處自 2003 年起，每年 11 月至隔年 1 月份共同攜手策辦「金門鸕鷀季」旅遊推廣的活動，其主辦宗旨是提供高服務品質而且豐富多元化的生態旅遊，2003 年舉辦金門鸕鷀季活動，2004 年舉辦「金門鸕鷀季旅遊活動」，2005 年舉辦「金門鸕鷀季旅遊活動」，2006 年舉辦輔助民宿營造觀鳥主題民宿、慈湖賞鸕鷀定點導覽、水試所及畜試所駐點導覽服務、鳥友金門大會師活動、觀光公車「金門賞鳥及生態之旅」、金門傳統古厝及生態之旅活動、金門鸕鷀季金門觀鳥攝影比賽及金門鸕鷀季「集戳兌換紀念品及參加搏狀元活動」等多項系列活動，藉以豐富金門的觀光生態，2008 年舉辦「金門采風──古厝‧鸕鷀」活動（金門縣政府，2003，2004，2005；金門國家公園，2008；金門鸕鷀季，2009b）。歷年活動相關資料彙整，如表 2-1 所示。

（一）2003 年金門鸕鷀季活動

　　由於鸕鷀的生態與生活的行為豐富而有趣，開闊的天空與闊大湖面是牠們飛翔嬉戲的処所，鸕鷀所棲息的木麻黃樹枝，也由於大量的鳥糞而形成雪白的一片，遠觀猶如冬季雪景，而鸕鷀本身所具備的捕魚技巧相當高超，又稱為「魚鷹」。金門縣政府及金門國家公園管理處為了推廣優質的生態旅遊，並期望能夠與觀光客分享金門島上面的豐饒資源，特別規劃以鸕鷀為主題，共同舉辦「2003 金門鸕鷀季活動」。活動日期從 2003 年 12 月 5 日至 12 月 26 日，

每天出團三天兩夜的遊程。秋冬之際更是金門自然生態最豐富且熱鬧的季節，除了可以品嘗到冬至前後的蟹黃美食之外，還有「海中牛奶」之稱的古寧頭海灣天然的石蚵，更可觀賞到海岸、慈湖、太湖與天際飛翔鸕鷀生態等（金門縣政府，2003）。

（二）2004 年金門鸕鷀季旅遊活動

金門縣政府與金門國家公園管理處相關文宣資料顯示，鸕鷀是從北方飛到金門地區過寒冬，通常靠近古寧頭的慈湖會有約 1300 多隻，而小太湖附近則有 200 隻，隨著天氣愈來愈冷，每年的年底大都接近約 1 萬隻的鸕鷀飛翔，成為世界級的生態景觀。金門在此時節也進入海蚵、螃蟹等海鮮最肥美的季節，賞鳥旅遊活動結合美食、閩南文化和戰地文化，雕塑成金門冬季特有的觀光資源。金門縣政府及金門國家公園管理處與金門在地七家旅行社合作，將此活動加以推廣而推出優質賞鳥生態旅遊套裝行程，共同舉辦「2004 金門鸕鷀季旅遊活動」。活動日期則是從 2004 年 11 月 19 日至 2005 年 1 月 31 日，每週二、五出團三天兩夜的遊程，早班機去、晚班機回，每團均配有合格的專屬遊覽車隊以及專業的導遊進行講解的服務，遊客能夠充份的遊覽金門與小金門，住宿地點則是一律為優良旅館且兩人一室的高級套房，晚餐則是準備特殊的金門風味餐以及能夠暢飲金門高粱酒。除此之外，每位遊客均享有新台幣 200 萬元旅遊責任險及 3 萬元醫療險，還有贈送鸕鷀季專屬帽子、浯州飛羽賞鳥書籍、環保背包及摸彩券等紀念品（金門縣政府，2004）。

（三）2005 年金門鸕鷀季旅遊活動

　　藉由舉辦活動的經驗，金門縣政府和金門國家公園管理處以生態旅遊帶動金門觀光發展，並且期許促銷當地產業，從 2005 年 11 月 1 日至 2006 年 1 月 31 日止，舉辦為期三個月的「鸕鷀季」，透過生態旅遊活動達到行銷金門的觀光，並且活絡金門的經濟為目標。2005 年鸕鷀季活動的特色，是充份結合地區產業以及旅行業者，並且輔導相關活動的產業進行 e 化，加強產業的行銷與推廣，協助商家與業者架設其網站，推廣旅遊護照的活動，並且結合餐飲業一起舉辦此活動。「2005 金門鸕鷀季旅遊活動」同時經過交通部觀光局評選為 95 年度「台灣大型觀光節慶活動」，立榮航空公司機上的雜誌「Unity」，還特別企畫製作「賞藝術、觀生態、深度金門行」的專題報導，詳細的介紹鸕鷀季活動。金門縣政府及金門國家公園管理處共同舉辦「2005 金門鸕鷀季旅遊」活動還有鸕鷀主題展，金門鳥類設計製作，鸕鷀鳥展示圖，中英文解說看板，佈置木雕鸕鷀鳥展示（金門縣政府，2005）。

1. 「金門賞鳥深度體驗之旅——鸕鷀季示範遊程推廣」：在 2005 年 11 月底至 12 月底舉辦，每週五、六、日舉行，以台灣地區民眾為對象，分成不同的梯次辦理金門賞鳥三天二夜深度體驗之旅。

2. 「全民賞鸕鷀體驗之旅活動」：在 2005 年 11 月 1 日至 2006 年 1 月 31 日舉辦，共分成八個梯次，其邀請對象分別為金門縣觀光社團、觀光業者、社區民眾、學生等，以增進對

賞鸕鷀體驗活動之了解與認同，增加與培養觀光親善理念與維護資源。

3. 「鳥友金門大會師——鸕鷀季開幕系列活動」：於 2005 年 11 月 19 日至 20 日在金門國家公園中山林遊客中心舉行鳥友金門大會師，同時也舉辦金門鳥類生態旅遊研討會。

4. 「賞鸕鷀體驗之旅」：於 2005 年 11 月 1 日至 2006 年 1 月 31 日在金寧鄉慈堤及金湖鎮太湖舉辦賞鸕鷀體驗之旅，活動內容包括解說看板的設置、賞鳥器材的準備、提供志工定點解說導覽服務，及觀賞鸕鷀的體驗。

5. 「紅龜粿 DIY 活動」：於 2005 年 11 月 1 日至 2006 年 1 月 31 日在傳統聚落社區閩南住宅內舉行，此活動是提供活動的團體成員親身體驗製作紅龜粿過程並品嘗紅龜粿。

6. 「搏狀元餅」樂趣活動：於 2005 年 11 月 1 日至 2006 年 1 月 31 日在莒光樓舉辦，讓觀光客皆可以參與「搏狀元餅」的活動，藉此體驗特有的民俗活動並可以獲得精美的紀念品。

（四）2006 年金門鸕鷀季旅遊推廣活動

金門國家公園管理處希望能夠將鸕鷀季導入到金門觀光季來推動，因此興起建立生態旅遊模式的想法，期望落實效益到觀光相關產業，並且輔導旅行公會，整合業界並加強行銷推廣鸕鷀季旅遊產品，藉各種方式建立生態旅遊模式，有效的落實到相關的觀光產業。金門縣政府和金門國家公園管理處共同舉辦「2006 金

門鸕鶿季旅遊推廣活動」，活動日期從 2006 年 11 月 1 日至 2007 年 2 月 15 日，推出七個梯次的金門傳統古厝與生態之旅、舉辦金門鳥友大會師，以及金城鎮公所舉辦古坵營區軍事體驗園遊會，也同時鼓勵旅行社加以包裝推廣生態的旅遊，鼓勵民宿業者營造「賞鳥」的主題民宿活動，期望創造特殊旅遊體驗的環境，以及推動「觀光公車──金門賞鳥及生態之旅」（金門縣政府，2006），請參閱表 2-1。

1. 金門傳統古厝及生態之旅活動：為了能夠讓觀光遊客能夠深度的體會到金門的藝術人文、戰地文化、自然生態以及欣賞鸕鶿的美，由金門國家公園管理處舉辦「金門傳統古厝及生態之旅活動」，整個活動的全程當中，有專業的解說員隨同帶領遊客。活動日期從 2006 年 11 月 10 日至 12 月 23 日，分為六個梯次，每梯次為期三天。因為鸕鶿是金門地區數量最龐大的冬季候鳥，慈湖上空可以看見大量的鸕鶿族群，活動當中帶領參觀者，在慈湖堤防上面觀看幾千隻成群結隊的鸕鶿落日歸巢的壯觀畫面，欣賞金門每年一次的自然美景，行程特別規劃住宿金門國家公園古厝民宿，深度的體會到閩南建築的風情（金門鸕鶿季，2009b）。

2. 金門觀鳥攝影比賽：為鼓勵到金門的觀光客以及金門縣民認識鸕鶿之美，藉此從事自然生態賞鳥體驗活動，由金門縣政府及金門縣政府交通旅遊局共同舉辦「金門鸕鶿季──金門觀鳥攝影比賽」的活動，鼓勵觀賞者拍攝金門鳥類的生態，拍下有關鳥類文化及藝術創作之美。活動日期從 2006 年 11 月 1 日至 2007 年 2 月 15 日，分為鸕鶿攝影及

觀鳥攝影二大類的題材，其中鸕鶿攝影以金門之鸕鶿為主題，表達特有生態習性；觀鳥攝影以金門「人們從事觀鳥活動及體驗觀鳥樂趣」、「鳥類藝術創作品」、「生活中有關鳥的文化」等為主題，表達人類與鳥類間的互動關係（金門鸕鶿季，2009b）。

（五）2008 年金門采風──古厝・鸕鶿活動

由於金門的古厝期望爭取成為「世界遺產」，加上金門的鸕鶿數量可達 30000 多隻，藉著推廣金門觀光旅遊，提高旅遊服務品質，因此以觀賞金門冬季候鳥鸕鶿的自然生態為主軸，同時再結合單車旅遊與軍事地點擎天廳的開放，配合設計新穎的深度旅遊行程，讓台灣地區的民眾也能夠深度的體會到金門旅遊的特色，由金門國家公園管理處舉辦「2008 金門采風──古厝・鸕鶿」活動，活動日期從 2008 年 11 月 6 日至 12 月 20 日間，分為七個梯次，每個梯次為期三天兩夜，帶領觀光客欣賞金門冬季候鳥鸕鶿的生態與賞景，深度體驗金門自然文化、人文采風等各項在地特色的景點，品嘗金門傳統的風味餐，包括燕菜、刈包及螃蟹等美食，安排住宿在國家公園規劃的古厝民宿，讓民眾可以親自的體會到閩南建築的風情，同時還可以騎乘單車的方式，走訪古寧頭風光，每位參加者還可以獲贈環保袋以及金門鄉鎮特產品（金門國家公園，2008；金門縣政府，2008）。

表 2-1　歷年活動相關資料

年度	活動名稱	活動日期	活動內容
2003	金門鸕鶿季活動	2003 年 12 月 5 日 至 12 月 26 日	1. 品嘗冬至前後的蟹黃美食及古寧頭海灣天然的石蚵。 2. 觀賞慈湖、太湖等鸕鶿生態。
2004	金門鸕鶿季旅遊活動	2004 年 11 月 19 日 至 2005 年 1 月 31 日	1. 遊覽大小金門、品嘗特殊的金門風味餐及暢飲高粱酒。 2. 均享有新台幣 200 萬元旅遊責任險及 3 萬元醫療險。 3. 贈送鸕鶿季專屬帽子、浯州飛羽賞鳥書籍、環保背包及摸彩券等紀念品。
2005	金門鸕鶿季旅遊活動	2005 年 11 月 1 日 至 2006 年 1 月 31 日	1. 金門賞鳥深度體驗之旅——鸕鶿季示範遊程推廣。 2. 全民賞鸕鶿體驗之旅活動。 3. 鳥友金門大會師——鸕鶿季開幕系列活動。 4. 遊客遊程體驗活動。 5. 紅龜粿 DIY 活動。 6. 搏狀元餅樂趣活動。
2006	金門鸕鶿季旅遊推廣活動	2006 年 11 月 1 日 至 2007 年 2 月 15 日	1. 金門傳統古厝及生態之旅活動。 2. 金門觀鳥攝影比賽。 3. 集戳兌換紀念品及參加搏狀元活動。
2008	金門采風——古厝·鸕鶿活動	從 2008 年 11 月 6 日 至 12 月 20 日	1. 欣賞金門冬候鳥鸕鶿的特色。 2. 品嘗金門傳統風味餐燕菜、刈包、螃蟹的美味。 3. 住宿國家公園古厝民宿。 4. 騎乘單車走訪古寧頭風光。 5. 參加者每人可獲贈精美紀念品一份。

資料來源：本研究整理。

第二節　觀賞價值之理論與相關研究探討

對於旅遊觀賞自然景觀與景點規劃，就要發揮生態旅遊，拓展不同區域的地方特點，以能夠展現出當地渾然天成的地形，或是形塑具有觀賞價值的景色，再充分的運用電子媒體或是平面媒體詳細的加以介紹，將當地所擁有的天然資源與優勢，讓更多民眾能夠了解生態旅遊的涵義。因此生態旅遊的發展重點，主要在於運用當地自然的資源，著重於規劃自然生態環境，而且減少人為建構設備的旅遊觀賞景點與減少破壞自然生態行程的動線，讓觀光客可以從生態旅遊當中學習生態保育的觀念，也可以達到生態保育教育的目的，甚至將更新的生態保育概念傳授給遊客，亦同時達到旅遊觀賞的功能（劉瓊如，2007；營建署，2005）。

生態旅遊要能夠符合永續發展的宗旨，就是要能夠兼顧生態區域當地的經濟活動力、環境的健全與社會公平等目標。因此，生態旅遊的觀賞價值就必需同時要考量觀賞的遊客、當地的居民、自然資源的管理、以及舉辦活動單位等所有相關人員的想法（Wight, 1993）。

Ross and Wall（1999a, 1999b）提出對於觀光景點當中，當地社區、觀光遊客及生態資源等三者可以相互聯結，成為一個共同的主體，藉此形成生態旅遊景點觀賞的評估架構：

（一）遊客可帶給當地社區經濟利益，同時也可以了解生態資源。

（二）當地社區則是提供觀光遊客地方文化體驗及倡導與支持保育生態環境。

（三）生態資源環境則是透過觀光遊客獲得觀光稅收和當地社區
　　　對天然資源的善加運用。

（四）透過衡量兩兩主體之間的關係來評估生態旅遊的觀賞價
　　　值，如圖 2-2 所示。

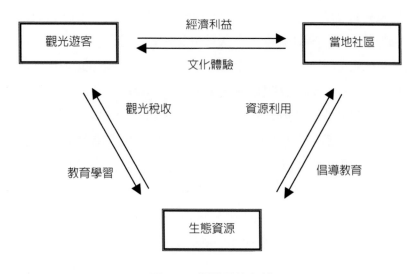

圖 2-2　觀賞評估架構

資料來源：本研究整理；Ross and Wall（1999a; 1999b）。

　　Boyd and Butler(1996)提出生態旅遊應該涵蓋(如圖 2-3 所示)：

（一）「資源吸引力（包含自然生態和當地區域文化）」。

（二）「使用者（包含觀光遊客及社區居民）」。

（三）「管理者（包含政府主管機構、社區旅遊協會組織、非政府
　　　組織及旅遊服務相關業者）」等三個層面所組合而成。

　　觀光景點行程的規劃如果適宜得當，不僅可以保護觀光地區的天然資產，還可提昇旅遊的觀賞價值。除了提供觀光遊客豐富旅遊過程，還可以增加當地社區整體稅收及就業機會，提高當地居民生活水準（Wight, 1998; World Tourism Organization, 1996）。

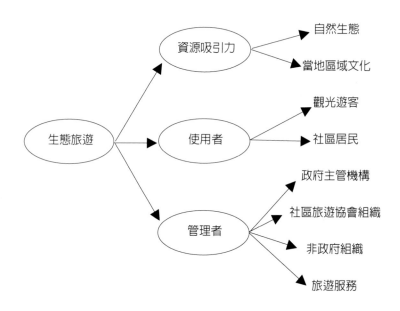

圖 2-3　生態旅遊組合架構

資料來源：本研究整理；Boyd and Butler（ 1996 ）、Wight （ 1998 ）、World Tourism Organization （ 1996 ）。

　　我國政府部門亦致力提倡及宣導生態旅遊，營建署（2005）研擬的「生態白皮書」中提出採用八項檢核原則：

（一）低環境影響之營宿與休閒方式。

（二）限制到此區域之遊客量（含團體大小或參觀團體數目）。

（三）支持當地的自然與人文資源之保育工作。

（四）盡量使用當地居民之服務與載具。

（五）提供遊客以自然體驗為重點的遊程。

（六）聘用了解當地自然文化之解說員。

（七）確保野生動植物不受干擾及環境不受破壞。

（八）尊重當地居民的傳統文化及生活。

　　並重點強調生態旅遊必需整合幾項原則：

（一）基於自然。

（二）環境教育與解說。

（三）永續發展。

（四）喚起環境意識。

（五）利益回饋。

一、旅遊行程規劃

　　Ross and Lso-Ahola（1991）認為深入了解觀光客的旅遊動機與旅遊之目的，可以藉此探討觀光客的旅遊消費行為，也可以規劃出符合觀光客需求的旅遊行程，如圖 2-4 所示。現今旅遊的型態與種類都相當廣泛，行程的規劃當中，必需要依據遊客對於不同旅遊型態的想法與差異，才能設計與規劃確實符合消費者需求的行程

（容繼業，2004；陳君圻，2008；陳信甫、陳永賓，2003），例如包括：

（一）近年蔚為風行的背包客自助旅遊。

（二）以參觀著名風景名勝古蹟等景點的觀光旅遊。

（三）以參觀世界各地博物館、美術館、古蹟、人文、聚落文化、傳統慶典的主題特色旅遊。

（四）以深度探討觀賞特定景點的區域旅遊。

（五）以結合特殊娛樂設施、遊樂方式和住宿場所的樂園休憩旅遊。

（六）以商務人士為主提供機票、酒店和市區觀光自由行的商務旅遊。

（七）以健康休息或治療疾病恢復體力的養生旅遊。

（八）以民眾團體結合宗教進香或朝聖和參觀廟宇的宗教旅遊。

（九）以機關學校交換學生、學術交流及參觀訪問的教育旅遊。

（十）以享受豪華設備、高檔餐飲和靠岸遊覽的遊輪旅遊。

（十一）以顧客特殊興趣而安排的訂製旅遊，像是單車之旅、賞鳥之旅及海釣之旅。

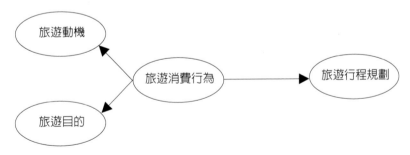

圖 2-4　旅遊行程規劃

資料來源：本研究整理；Ross and Lso-Ahola（1991）。

　　針對金門鸕鶿季生態旅遊的行程規劃，設計出的鸕鶿觀賞與體驗行程通常為三天二夜，而且以觀賞鸕鶿為主要的重點活動，再結合金門具有特色的景點。其中慈湖是冬季鸕鶿最大的渡冬棲息地，其湖畔廣大的木麻黃樹林，提供鸕鶿夜間棲息的最佳場所，慈湖地區佔全部金門地區鸕鶿總數的 83%，是金門賞鳥活動不容錯過的賞鳥景點（金門鸕鶿季，2009i）。各相關景點彙整，如表 2-2 所示，旅遊行程規劃有以下四種：

（一）行程規劃一（金門鸕鶿季，2009c）

1. 第一天的行程抵達為金門尚義機場後，前住金門國家公園乳山遊客中心、古寧頭戰史館、雙鯉溼地自然中心、慈湖觀賞鸕鶿景觀。

2. 第二天前往太武山、山后民俗村、馬山觀測站、林業試驗所、榕園（八二三戰史館）、瓊林坑道、金門酒廠、莒光樓、建功嶼海底步道（需配合潮汐）。

3. 第三天前往小金門、文台寶塔（虛江嘯臥）、古崗湖、翟山坑道後，直達金門尚義機場搭機。

（二）行程規劃二（金門鸕鶿季，2009j）

1. 第一天的行程為抵達金門尚義機場後，前往乳山遊客中心、莒光樓、雙鯉溼地自然展示中心、小金門（烈嶼鄉、八達樓子、湖井頭戰史館、四維坑道、陵水湖、西湖）、返回大金門。

2. 第二天前往總兵署、慈湖、古寧頭慈湖三角堡區、南山砲
   陣地、塔后坑道等重要戰地文化景點、太武山、翟山小艇
   坑道。

3. 第三天前往林務所金門森林遊樂區、水頭古厝群後，直達
   金門尚義機場搭機。

（三）行程規劃三（金門鸕鶿季，2009j）

1. 第一天前往金門國家公園遊客中心、中山林遊憩區、古寧
   頭古戰場、雙鯉溼地自然展示中心、慈湖（慈堤觀落日）。

2. 第二天前往小金門、湖井頭戰史館、四維坑道、陵水湖、
   金門、文台寶塔、虛江嘯臥石碣、古崗湖、翟山坑道、珠
   山傳統聚落。

3. 第三天前往太武山登山、山后民俗文化村、馬山觀測所、
   榕園、八二三戰史館後，直達金門尚義機場搭機。

（四）行程規劃四（台灣國家公園，2008）

1. 第一天從台北松山機場出發到金門尚義機場後，前往金門
   國家公園遊客中心、八二三戰史館、山后民俗村－古寧頭
   戰史館、慈堤觀賞鸕鶿、后浦古蹟巡禮。

2. 第二天前往水頭傳統聚落巡禮、小金門之旅、翟山坑道、
   金門酒廠、太武山登山之旅。

3. 第三天騎單車漫遊古寧頭、雙鯉溼地自然中心、擎天廳、
   瓊林地下坑道、蔣經國館紀念館、乳山遊客中心、金門尚
   義機場搭機返回台北松山機場。

表 2-2　相關景點彙整表

景點名稱	景點說明
乳山遊客中心	1. 民國 91 年完工。為環境教育展示館，包括植物的世界、鳥類的世界、潮間帶生物、湖底世界及鯨豚區等五大部分。 2. 服務項目有展示、多媒體欣賞、導覽、咖啡廳。 3. 播映影片有鳥的巢穴、陸域的鳥、水域域的鳥、鸕鷀、潮間帶生態。
古寧頭戰史館	1. 民國 73 年由金防部司令官宋心濂於任內所建，館內主要以十二幅大型油畫，介紹古寧頭大戰的經過，主題為戰備整備、渡海夜襲、登陸激戰、指揮反擊、壯烈成仁、古寧巷戰、火燒船隻、崖下俘虜及光榮校閱。 2. 服務項目有展示、多媒體欣賞、導覽。
雙鯉溼地自然中心	1. 民國 89 年落成啓用。介紹古寧頭地區的人文史蹟、文化景觀以及地景的演變歷史。 2. 簡介金門的地質、土壤、水文等資源及介紹金門的樹林及樹林中的鳥類，並有鳥聲，讓遊客彷若置身森林中。
慈湖	1. 慈湖冬季的鳥況是全金門最好的地方，幾乎大部分的水鳥都在這裡活動、覓食或休息。 2. 湖畔的木麻黃林也是鸕鷀夜棲的主要地方，每年都吸引數千隻鸕鷀在這裡度冬。
太武山	1. 位於金門島中央，係八二三炮戰重要紀念地。 2. 有八二三戰史館、經國紀念館、太武山公墓等戰役紀念地。 3. 並有人文薈萃的瓊林聚落文化及一門三節坊、邱良功墓園、蔡氏祠堂等古蹟。
山后民俗村	1. 聚落型態為金門晚清時期的僑村，佔地 15,000 平方公尺，計完成十八棟傳統大厝，其中包括王氏宗祠與學塾海珠堂。從清光緒二年（1876 年）動工起，至光緒二十六年（1900 年）完工歷二十五年。 2. 建築型態以二落大厝為主。

馬山觀測站	1. 位於金門最北端突出部分，與大陸角嶼距離約 2,300 公尺，經過馬山播音站後，就進入馬山觀測所地下坑道（坑道全長 175 公尺，高 2.1 公尺，寬 1.65 公尺）。 2. 內有望遠鏡可供遊客瞭望對岸大陸的角嶼、大嶝、小嶝等島嶼。
八二三戰史館	1. 本館建於民國 77 年，民國 90 年移撥予金門國家公園管理處，民國 92 年重新開放。本館展示內容為八二三戰役簡介、砲戰前夕自由世界與共產勢力的分佈、實戰危機 44 天、運補作業、烽火中的歲月、政治作戰、戰地記者、台籍充員兵、砲戰的延續、作戰功勳及走過歷史的記憶。 2. 服務項目有展示、震撼劇場、導覽、咖啡廳。
金門酒廠	金門酒廠前身為「九龍江酒廠」，選定金門城南門外「寶月古泉」，策劃釀造。所釀製的金門高粱酒名揚四海。
文台寶塔	1. 金門有三大古塔，一是太武山倒影塔，二是水頭村的矛山塔，三是舊金城的文台寶塔，相傳皆是明洪武二十年間（西元 1387 年）江夏侯周德興建築金門城時，衡度水陸形勢所建，以做為航海之標誌。 2. 而太武山的倒影塔，毀於民國七年的大地震；水頭的矛山塔，又因軍事緣故，於民國五十年間拆毀。唯一碩果僅存的是文台寶塔。
古崗湖	擁有金門惟一的天然湖泊，古崗湖沿岸垂柳與古崗樓相互輝映，景觀甚佳，南面梁山可眺望海岸景觀。
翟山坑道	1. 為一 A 字型戰備水道，總長約 357 公尺，民國 52 年為因應戰爭所需而開挖，戰時供運補小艇補給使用，坑內並有停靠碼頭。於 87 年 7 月正式開放。
水頭聚落	1. 水頭聚落依山而建，呈長形分佈，分有「頂界」、「中界」、「下界」、「後界」四甲頭。 2. 建築型態為一落四櫸頭、二落大厝為主。重要建築有西堂別業（第三級古蹟）、得月樓（槍樓）、金水國小。

虛江嘯臥石碣	俞大猷字志輔，號「虛江」，明嘉靖十四年（西元 1535年），俞大猷以武進士任金門千戶所正千戶。俞公在閒暇之餘，與地方紳耆黃偉、許福、顏揚等人，或僚屬常登臨城南「南磐山」石崖上休憩，觀覽海景，因此題此「虛江嘯臥」留念、明志。

資料來源：本研究整理。

二、觀賞鸕鷀

　　金門地區是屬於相當特殊的花崗岩島嶼，由於地理位置位居於東亞候鳥遷移路徑上面的重要地點，因此候鳥的種類與數量也相當豐富，其過境的鳥類可達一百一十種以上，還有一些留在金門的留鳥，涵蓋世界上許多稀有而且極待保育的鳥類，加上金門地區的鳥類數量相當可觀而且不畏懼人類，通常可以近距離觀賞，有時候可以見到特殊的栗喉蜂虎、褐翅鴉鵑、噪鵑、斑翡翠、蒼翡翠等相當罕見的鳥類。在這麼多的冬季候鳥當中，數量最龐大而鳥群飛翔的景態最壯觀也最能吸引遊客觀賞的就是鸕鷀（Cormorant）。鸕鷀長期以來在歐洲、亞洲及北美洲等地由於捕食魚類效率相當高，因而遭到當地漁民的射殺、濫捕與破壞巢蛋，造成鸕鷀懼怕人類，對干擾敏感度也相當高，所以鸕鷀夜晚棲息地與繁殖區都是人類不易到達或人煙罕至的地點，在金門地區鸕鷀集中棲息的夜棲地包括慈湖、太湖、陵水湖、西湖及埔頭水庫等無人類干擾的濱水樹林，這些地點在金門卻都是遊客適宜觀賞的地區，如圖 2-5 所示(丁宗蘇，2007；金門國家公園，2009)。

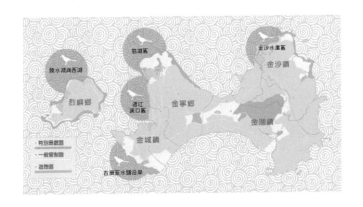

圖 2-5 鸕鷀觀賞地圖

資料來源：本研究整理；丁宗蘇（2007）、金門國家公園（2009）。

鸕鷀又稱為魚鷹，全身黑色帶著深灰藍，喉嚨的部分是白色的，眼睛呈現碧綠色，臉部裸露的皮膚是黃色，屬於大型群聚的鳥種，體長可以達到78～86公分，雙翼長度為68公分，體重約1.2-2.1公斤，主要的食物是魚類。主要分佈區域在歐洲大陸、亞洲大陸及非洲東岸。全世界有三十二種鸕鷀科鳥類，分佈範圍十分廣泛，鸕鷀的種類包含普通鸕鷀（Common Cormorant），在長江以北為夏季候鳥，在台灣為冬季候鳥；暗綠背鸕鷀或丹氏鸕鷀（Japanese Cormorant），部分是留鳥，東南沿海為稀有冬季候鳥；黑頸鸕鷀（Phalacrocorax niger）分佈於雲南區域，為稀有留鳥或夏季候鳥；海鸕鷀（Pelagic Cormorant）屬於種群數量不普遍的鳥種；紅臉鸕鷀（Red-faced Cormorant）是種類數量稀少的鳥種。在金門的鸕鷀大多數都是屬於普通的鸕鷀，觀賞鸕鷀的過程分為出巢、回巢、覓食、潛水、領域、休息、換羽與求偶等（金門鸕鷀季，2009a，2009d，2009e，2009f，2009g，2009h）。

（一）出巢

鸕鶿主要族群在出巢之前，會有一隻成鳥當作觀察者，先行飛至覓食區的金廈海域觀察，主族群要等待觀察的鸕鶿折返後，整個族群才會列隊依序出巢。剛開始的時候，大批鸕鶿離巢時，會在棲息地的上空紛亂飛舞，但編排隊伍會在飛行一段時間之後逐漸成形，出巢的隊伍會編列成縱列的「｜」字形或「人」字形的飛行隊伍。

（二）回巢

因為天候環境、潮汐、海域等不同情況，會影響鸕鶿回巢的時間。回巢隊伍由成鳥領航，最常見的是編列成「人」字形的狀態隊伍。陸續分隊飛抵夜晚棲息地，會在先上空盤旋，再成群飛到湖面中清洗身上的鹽分，然後很有秩序的形態返回棲息樹林。

（三）覓食

鸕鶿覓食的方式分為單獨與群體捕魚，日間零星停歇在水面的鸕鶿以單獨潛水捕魚覓食，群體捕食則是來回尋覓或繞圈方式圍捕。鸕鶿漂浮在水面時捕食行為，是伸展雙翼遮蔽光線誘引魚群再加以捕食。鸕鶿育有雛鸕鶿時，親鳥會將魚存放在喉中，以利於雛鳥將頭頸伸到其嘴中取食。

（四）潛水

　　鸕鶿在水中沉浮特性是其特殊羽毛構造，內部羽毛細軟白羽具保暖作用，外部羽毛透水性良好，潛進水中可增加身體比重，容易潛入水中捕食。通常潛水深度為水面下 1～3 公尺，潛水時間可達 65 秒左右，最常見的是 30～40 秒左右。

（五）領域

　　鸕鶿頸部長達約 34 公分，當頸往後仰則表示嚇阻的用意。在湖面游水時，頭嘴會稍微上揚，隊伍都往同方向前進。鸕鶿在棲木或沙洲休息時，個體距離極緊密，頭頸呈現緊縮狀態，整日很少移動身體。若遇猛禽盤旋在上空時，會全部驚起飛離棲息地，但猛禽已停棲附近樹梢後，則鸕鶿又紛紛返回棲息地。

（六）休息

　　鸕鶿飽食後會在覓食海域沙洲停棲休息，由於尾部油脂腺不發達，停棲時會先揮動雙翅甩乾身上水分，減輕體重作為再次起飛的準備。鸕鶿常常群體在棲木上休息，休息時間通常都很長，呈現毫無動靜狀態，休息時也會將大嘴張開以達到散熱的目的。

（七）換羽與求偶

自 1 月中旬以後，在金門過冬的鸕鶿，成鳥逐漸轉變羽毛顏色，有 70%的成鳥到 3 月下旬都會換成夏羽的特徵（即是繁殖羽），在頭和頸部兩側有細密稍長白色絲狀羽，以及下脅部的大白斑。3 到 4 月間，公鸕鶿和母鸕鶿成鳥求愛方式則會在棲息樹林上，以彼此長頸相互摩擦，頭尾同時往上翹起鳴叫，喉部鼓動明顯易見。

三、導覽與講解服務

Tilden（1977）指出講解說明是屬於教育活動當中的一種，將人與環境間的概念，透過溝通表達的過程，藉由專業人員詳細的解說天然環境、歷史文化及地形地物景觀特色等，各景觀與事物所代表的意義及與環境的關係，讓觀光遊客了解自然文化與資源的寶貴之處，進而產生保護環境的行為，降低遊客於參觀旅遊活動時，破壞自然環境而產生衝擊，保育天然資源，減少環境的污染，同時讓遊客獲得豐富愉快的休閒遊憩經驗。講解也是訊息傳遞服務的方式，向觀光遊客宣導並解釋景觀現象所代表的意義為目的，透過資訊服務的提供，滿足遊客對旅遊知識的需求與解釋景象的奇觀，講解過程當中均圍繞著自然生態主題，同時也激發遊客對所講解說明的景象或事物，產生新的見解及體會（吳忠宏，1999）。

導覽與講解服務包含節目和活動兩大部分（Anderson & Low, 1985）：

（一）節目即是專業講解人員要讓觀光遊客了解事物的來龍去脈。

（二）活動則是利用各種技巧和現代科技創造讓遊客可以感同身受的意境。

　　導覽與講解服務即是將特殊景觀區域內的天然和人文環境的意涵，傳達給觀光遊客、學生團體或其它參觀團體等對象，經由觀賞和知性的理解，產生對當地環境新的體驗和關注，方法包括（楊明賢，2006）：

（一）透過各種電子或平面媒體等方式。

（二）講解活動場次設計。

（三）導覽手冊宣傳。

（四）專業解說員。

　　講解服務的好壞將影響旅遊行程中對觀光遊客的教育成效，因此，我國國家公法第 22 條規定：「國家公園管理處為發揮國家公園教育功效，應視實際需要，設置專業人員，解釋天然景物及歷史古蹟等，並提供所必要之服務與設施」（營建署，1972，2005）。

　　講解服務要素包含知識面及精神面，知識面涵蓋業務知識、語言能力、一般個人修養及經驗值。精神面涵蓋誠意、責任感、熱心及關懷（林燈燦，2003）。對於觀光遊客而言，講解是旅遊服務之外，也是雙向溝通的管理方法，由「主要管理機關」、「生態資源」及「觀光遊客」等三個元素所形成，如圖 2-6（墾丁國家公園管理處，1994）。

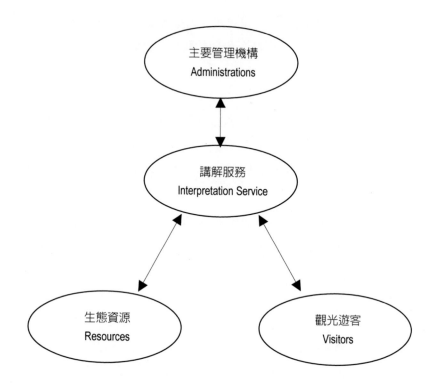

圖 2-6　講解元素關係圖

資料來源：本研究整理；墾丁國家公園管理處（1994）。

　　貼切的導覽與講解服務，可幫助遊客對旅遊環境的深層認知，增進遊憩的經驗，提高遊客對觀光景點的滿意度（Derwin & Piper, 1988; Kuehner & Elsner, 1978; Sharpe, 1982）。滿意度即是觀光遊客本身親自參與活動之後，個人內在真實體驗感受，源自個人與景點目的地之間，經由互動行為之後，所產生心理層面的感受與情感而呈現的狀況（Baker & Crompton, 2000）。

解說媒體的滿意度可分為（吳忠宏，2007）：

（一）人員專業解說。

（二）非人員解說，包含解說告示牌、遊客服務中心及解說摺頁說
　　　明等。

　　　景點地區的講解服務可以透過具有專業知識的解說人員，展現
親切熱心的態度，利用順暢流利的語言表達方式，提高遊客的觀賞
興趣及關注生態保護教育的議題（吳忠宏、黃文雄、李介祿、李雅
鳳，2007）。在旅遊行程中，講解的人員必需要具備專業的知識、
熱忱和親和力，以達到講解服務的目標，提供導覽與講解服務的主
要目的（張明洵、林玥秀，1992；鄧天德，1992；Sharpe, 1982），
包括：

（一）導覽手冊及講解人員可以為觀光遊客詳細介紹地方風景特
　　　色，以滿足旅遊者對景點的認知需求及好奇心，使遊客獲得
　　　豐富的及愉快的遊憩體驗。

（二）導引遊客自行發掘及觀察景觀現象，以親自了解自然生態環
　　　境中各項事物所存在的關聯性，及自身所居住的環境與所造
　　　訪的景點是彼此相關，進而激發敏銳的觀察力、判斷力、鑑
　　　賞力和理解力，而豐富旅遊的經驗。

（三）改變遊客對遊憩資源的使用態度，慎重使用景點的天然資
　　　源，降低對資源使用的衝擊，避免不當的行為破壞生態環境
　　　及考量遊客的安全。

（四）協助遊客經由講解服務而認識生態資源，進而產生重視生態
　　　資源的觀念，促使資源得以獲得保育。

（五）遊客可以透過講解服務人員，了解遊憩經營管理機構的理念及訊息，以便向經營管理機構傳遞對景點特定區域經營管理的意見或看法，以作為管理機構未來政策擬定的參考方針。

（六）經營管理機構可以透過講解服務人員，向遊客傳遞景點特定區域的管理政策與施行辦法，以利經營管理相關政策的推動。

　　導覽與講解服務的功能包含引導、娛樂、宣導、資訊、教育及鼓舞人心等六項（Grinder & McCoy, 1985），包括：

（一）引導功能：透過導覽及講解服務可以引導遊客，降低遊客初到環境所產生的不安全感，並對所參觀景點的人文、歷史沿革、環境設施、以及旅遊行程有整體的概念。

（二）娛樂功能：詳細的導覽及良好的講解服務，可幫助遊客獲得愉悅、輕鬆及美好的旅遊經驗，達到寓教於樂之目的。

（三）宣導功能：可增進觀光遊客對生態環境間的了解，改善經營管理機構的形象。

（四）資訊功能：供觀光遊客有關展示主題訊息與有趣的活動訊息，充實遊客旅遊體驗有直接貢獻度。

（五）教育功能：可讓來自不同背景及不同年齡層的遊客與景點間發生互動學習，產生催化作用，除了讓遊客獲得正確的資訊，還能激發其求知的興趣，引導後續的學習。

（六）鼓舞人心功能：能幫助遊客對觀光景點的各種事物有新的了解與認知，進而激發心中的熱誠及好奇心。

四、觀賞價值之相關研究

本研究彙整觀賞價值之相關研究，如表 2-3 所示。

（一）何幸蓉（2005）：比較花蓮與宜蘭賞鯨活動的講解教育服務，結果顯示花蓮相對於宜蘭賞鯨業者，提供講解服務人員較廣泛且多元化的訓練課程，提供遊客講解服務的時間也較長較詳細，遊客對於講解服務的滿意度也較高，在講務服務品質方面，花蓮相對於宜蘭較具優勢。

（二）吳忠宏、黃文雄、李介祿、李雅鳳（2007）：以宜蘭烏石港 12 歲以上的賞鯨遊客為研究對象，探討遊客旅遊動機與解說服務滿意度的關聯性，結果顯示觀光遊客旅遊動機與解說服務滿意度皆顯著正向的影響賞鯨活動的忠誠度，旅遊動機對解說服務滿意呈現顯著正向的影響。

（三）林鈴娟（2004）：以遊客、政府管理單位、當地居民及社群、當地產業、學術單位及生態保育團體與生態旅遊等因素為直接關係，利用 SWOT 矩陣分析模式，探討台中市大坑風景區生態旅遊發展策略。結果顯示當地具備特殊地質的景觀是優勢，休閒產業可轉變為生態主題旅遊，符合生態旅遊之行程規劃與管理且具有教育的效益；劣勢是「缺乏生態環境保育教育專業人員」、「旅遊與保育之整合與行銷規劃不當」及「遊客中心與講解媒體機制不健全」，無法對於遊客、旅遊業者及當地居民進行生態保育保護宣傳與教育；機會是生態旅遊逐漸受到學術界與產業整體發展的重視與關注；威脅則

是「交通系統不夠順暢」、「吸引力加強空間頗大」及「遊客管理制度的建立」。

（四）侯錦雄、郭彰仁（2003）：以各遊憩地點的遊客為研究對象，探討關渡、高美、七股溼地生態旅遊動機與旅遊特性。結果顯示在遊憩動機方面，「追求社交知識效益」、「追求自然體驗」及「隨遇而安」等三個因素具有顯著的差異；而遊客遊憩的動機包含「增進親子與朋友感情」、「研究調查」、「學習新知」、「抒解壓力」、「接近與欣賞自然生態景觀」、「順應邀約」、「打發時間」及「隨處走走」等，並指出不同溼地之旅客因為不同遊憩地點而產生不同的遊憩動機，不同行程的規劃將影響遊客遊憩動機，景點的經營管理者除了規劃適切的行程規劃以滿足遊客需求外，還必需兼顧環境保育才能讓生態環境持續保存。

（五）陳君圻（2008）：以到達花蓮地區旅遊遊客為研究對象，探討遊客的生活型態類型、旅遊型態、旅遊特性及旅遊路線之間的關聯性。結果顯示旅遊路線層面依序為放射性路線、單線性路線及環狀式路線；遊客出發地區與旅遊路線呈現顯著性的差異；遊客停留當地天數與旅遊路線呈現顯著性的差異；遊客生活型態與旅遊型態呈現顯著性的差異。

（六）黃淑君、林慧娟、郭家汝（2003）：以陽明山國家公園魚路古道各入口據地點的遊客為研究對象，探討陽明山國家公園魚路古道解說內容對遊客的環境認知、遊憩體驗和滿意度。研究結果顯示，講解服務在自然特性、設施特性、視覺特性、人文特性及心理愉悅性等方面均呈現顯著性的差異，充分了解講解內容的遊客對設施資源、自然資源及人文資源的滿意

度會高於沒有充分了解講解內容的遊客，因此，遊客造訪陽明山魚路古道之環境認知，必須透過講解服務才能讓他們了解生態保育環境的觀念。

表 2-3 相關研究彙整表

研究者	年代	研究主題	研究摘要
何幸蓉	2005	探討花蓮與宜蘭賞鯨活動的講解教育服務。	1. 花蓮相對於宜蘭賞鯨業者，提供遊客講解服務的時間較長較詳細，遊客對於講解服務的滿意度也較高。 2. 在講務服務品質方面，花蓮相對於宜蘭較具優勢。
吳忠宏 黃文雄 李介祿 李雅鳳	2007	探討遊客旅遊動機與解說服務滿意度之間的關聯性。	1. 觀光遊客旅遊動機與解說服務滿意度皆顯著正向的影響賞鯨活動的忠誠度。 2. 旅遊動機對解說服務滿意呈現顯著正向的影響。
林鈴娟	2004	探討台中市大坑風景區生態旅遊發展策略。	1. 優勢是當地休閒產業可轉變為生態主題旅遊，符合生態旅遊之行程規劃與管理且具有教育的效益。 2. 劣勢是無法對於遊客、旅遊業者及當地居民進行生態保育保護宣傳與教育。 3. 機會是生態旅遊逐漸受到學術界與產業整體發展的重視與關注。 4. 威脅則是交通系統不夠順暢、吸引力加強空間頗大及遊客管理制度的建立。
侯錦雄 郭彰仁	2003	探討關渡、高美、七股溼地生態旅遊動機與旅遊特性。	1. 在遊憩動機方面，其中「追求社交知識效益」、「追求自然體驗」及「隨遇而安」等三個因素具有顯著的差異。

			2. 而遊客遊憩的動機包含增進親子與朋友感情、研究調查、學習新知、抒解壓力、接近與欣賞自然生態景觀、順應邀約、打發時間及隨處走走等。
			3. 不同溼地之旅客因為不同遊憩地點而產生不同的遊憩動機，不同行程的規劃將影響遊客遊憩動機。
			4. 景點的經營管理者除了規劃適切的行程規劃以滿足遊客需求外，還必需兼顧環境保育才能讓生態環境持續保存。
陳君圻	2008	探討遊客的生活型態類型、旅遊型態、旅遊特性及旅遊路線之間的關聯性。	1. 旅遊路線層面依序為放射性路線、單線性路線及環狀式路線。 2. 遊客出發地區與旅遊路線呈現顯著性的差異。 3. 遊客停留當地天數與旅遊路線呈現顯著性的差異。 4. 遊客生活型態與旅遊型態呈現顯著性的差異。
黃淑君 林慧娟 郭家汝	2003	探討陽明山國家公園魚路古道解說內容對遊客的環境認知、遊憩體驗和滿意度。	1. 講解服務在自然特性、設施特性、視覺特性、人文特性及心理愉悅性等方面均呈現顯著性的差異。 2. 充分了解講解內容的遊客對設施資源、自然資源及人文資源的滿意度會高於沒有充分了解講解內容的遊客。 3. 遊客造訪陽明山魚路古道之環境認知，必須透過講解服務才能讓他們了解生態保育環境的觀念。

資料來源：本研究整理。

第三節　周邊服務之理論與相關研究探討

　　遊客選擇旅遊的方式，決定旅途當中的交通接駁與膳食住宿的方式，當天來回的旅遊在交通接駁與膳食住宿方面較為簡便，在交通方面大多會選擇大眾運輸接駁工具，或是自行開車前往，在膳食方面則會選擇當地風味小吃，或是自行準備餐點。而超過一天的行程，則必需仔細考慮交通接駁與膳食住宿的方式，在交通接駁方面，可能會考慮租車或當地觀光導遊巴士，在膳食住宿方式，則考慮飯店或民宿等。金門提供觀光遊客的行政服務資訊，涵蓋交通接駁及膳食住宿等訊息，其中包括金門縣政府交通旅遊局、金門縣公共車船管理處、金門縣立文化中心、金門縣觀光協會、金門國家公園遊客中心、翟山坑道工作站、瓊林戰備坑道、金門縣旅遊發展協會、金門縣旅行商業同業公會、金門縣旅館商業同業公會、金門縣遊覽車客運業同業公會、莒光樓遊客中心、金門觀光旅遊資訊網、台灣觀光資訊網及觀光解說計程車等資訊管道（金門鸕鷀季，2009m）。

　　而在觀光景點中擁有較多具觀光價值的中途地點，常常被遊客選擇成為旅遊的目的地機會通常比較大。Pearce（1987）提出各類不同觀點的旅遊活動空間模式在1960年代興起，這些模式的基本概念大多建立在「客源地（遊客居住所在地）」－「連結路徑」－「目的地」之間，因此，旅遊模式（Pearce, 1987）如圖2-7所示。可以分為：

（一）旅遊路線模式。

（二）起迄點模式。

（三）結構模式。

（四）演化模式。

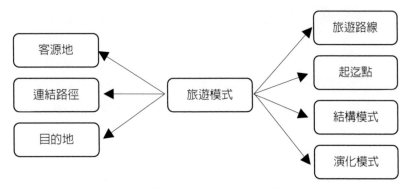

圖 2-7　旅遊活動概念圖

資料來源：本研究整理；Pearce（1987）。

一、交通接駁

　　民眾選擇旅遊的方式即為旅遊行程中沿路徑移動到達目的地間，所選擇的旅運工具類型或大眾運輸工具。路徑即是連接各個節點與節點之間的旅遊路線，節點之間的移動，產生旅遊路徑，而路徑即可產生一種或一種以上的旅遊方式。表現路徑的方式涵蓋公車、計程車、小客車、觀光解說計程車、觀光遊覽巴士、機車、火車、飛機、客輪、租小客車、租遊覽車等交通工具（Smith, 1983）。

　　針對遊憩的路徑可分為進入路徑（Access Route）、返回路徑（Return Route）及遊憩路徑（Recreation Route）三種，不同的路徑將影響交通工具的選擇及接駁動線的方式，其中進入路徑與返回路徑在空間上，有時會呈現重疊的現象，主要提供客源地與目的地之間直接的連結路徑，而遊憩路徑的遊客，可以選擇在旅遊途徑中充分利用，或是部分利用該路徑上的各種遊憩設施，而依據旅遊相

對的重要性與停留的構成要素可以區分為遊憩者（Recreationist）、渡假者（Vacationist）及遊憩渡假者（Recreational vacationist），如圖2-8所示（Perace, 1990）。

（一）遊憩者（Recreationist）：旅遊型態大多集中於都市附近的遊憩區域，各目的地之間並無路徑連結，主要的旅遊目的為遊憩活動本身。

（二）渡假者（Vacationist）：旅遊型態通常以高速公路為路徑導向的線形環狀渡假旅遊，屬於移動式的旅遊，在旅遊途中會隨意進行數次的停留行為。

（三）遊憩渡假者（Recreational vacationist）：旅遊型態涵蓋遊憩者與渡假者的綜合特性，屬於非線形群組的遊憩渡假綜合目的地區域，遊客在渡假的旅遊中，先到一區域性的渡假基地，再從所停留的渡假基地出發作附屬性的遊憩活動，通常這些活動均以某一特定區域範圍為主。

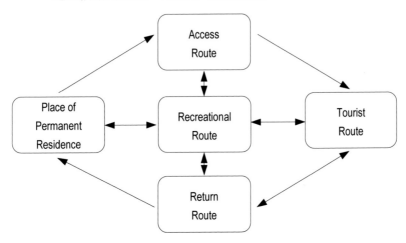

圖2-8 旅遊模式圖

資料來源：本研究整理； Perace（1990）。

以位於都市中心的家（客源地）為出發點，則可區分為短途旅遊（Day trips from home）、渡假區旅遊（Resort trips）、基地渡假旅遊（A base holiday tour）及環狀旅遊（Round trips）如圖 2-9 所示（Flognfeldt, 1999）。

（一）短途旅遊（Day trips from home）：從居住所在地出發的單日短途旅程，開車或搭乘大眾運輸交通工具到訪都市附近的遊憩地區，而在當天晚上之前返回。

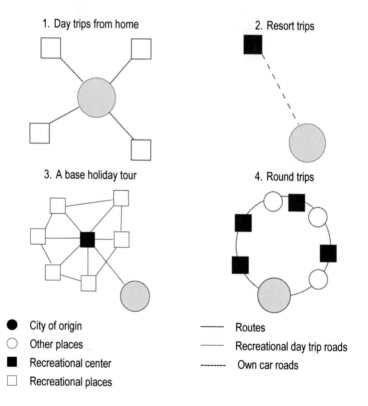

圖 2-9　旅遊路線圖

資料來源：本研究整理；Flognfeldt（1999）。

（二）渡假區旅遊（Resort trips）：搭乘路上、海上或航空交通而長時期停留在固定的遊憩渡假區域以從事任何活動，像是冬季滑雪渡假區、會員渡假村或島上旅遊。

（三）基地渡假旅遊（A base holiday tour）：綜合短途旅遊及渡假區旅遊，每天短途旅遊活動的出發點為遊憩渡假綜合區（基地）。

（四）環狀旅遊（Round trips）：屬於環狀旅遊路線，經由兩個或更多的目的地，使用巴士、火車、私人汽車或露營車等交通工具。

　　遊客從家出發到訪觀光景點可以區分為單一目的地旅遊和多重目的地旅遊，不同的旅遊路線，將會決定交通工具的選擇，旅遊路線空間模式如圖 2-10 所示（Lue, Crompton, & Fesenmaise, 1993）。

（一）單一目的地（Single destination pattern）：遊客僅參訪一個主要的觀光目的地，此一目的地單獨存在而完全與其他目的地不具任何關聯性，像是參觀花東縱谷。

（二）多重目的地（Multi destination pattern）

　1. 中途點模式（En route pattern）：遊客主要以自行開車為主，以一個主要觀光景點作為旅遊的重點，而在客源地和目的地之間，若有引起遊客興趣的中途點地區，遊客即會花費時間和金錢而驅車繞道前往。

　2. 基本營區模式（Base camp pattern）：遊客停留在一個主要的觀光景點，再從這個主要的景點，出發到旅遊區域內的其他目的地，像是巴黎鐵塔是主要觀光目的地，而在附近區域尚有一系列次要的觀光目的地。

3. 區域旅遊模式（Regional tour pattern）：遊客旅遊到某一特定區域後，再連續旅遊區域內一系列鏈狀的觀光目的地，而這些個別目的地分別擁有獨特的吸引力，能夠在相同的地理位置內，滿足各種遊客多樣化的需求，遊客可以利用觀光導覽巴士節省交通接駁的時間。

4. 鏈狀旅遊模式（Trip-chaining pattern）：屬於套裝旅遊的一種，遊客的旅遊路線包含從一個多樣的目的地旅遊到另一個目的地，而形成鏈狀旅遊的型態，通常交通接駁的方式用採行租用遊覽車，以減少遊客更換交通工具的麻煩。

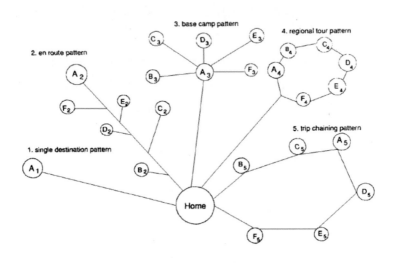

圖 2-10　旅遊路線空間模式圖

資料來源：本研究整理；Lue, Crompton, and Fesenmaise（1993）。

　　至於金門鸕鶿季的時候，遊客也可以自行安排行程到金門觀賞鸕鶿，到金門的旅遊方式可採用租車、航空交通、海上交通、公車及計程車五種等方式（金門鸕鶿季，2009k）。

（一）租車

1. 租用小客車、摩托車及腳踏車：金門出租汽車大都以車子的 cc 數來計算一天的租金，以 1cc 計價 1 元的方式，並且提供免費機場接送。目前小客車有大新小客車租賃行、汎德小客車租賃中心、金馬小客車租賃社、冠城汽車租賃行、冠軍小客車租賃行、富成租車公司、景昇租車行及瑞信汽車租賃行等八家車行。摩托車一天租金約 500 元；腳踏車租用一天約 100 元至 150 元。

2. 遊覽車：遊覽車目前有大富、大華、南星、楓蓮、閩江、馥華、金樺、浯江、金門、吉茂、統帥及金環球等十二家公司。

（二）航空交通

　　航空公司目前有立榮航空、華信航空及復興航空等三家航空，票價從 2,200 元到 1,100 元左右，分為非金門籍旅客、金門籍旅客、老人優惠及小孩優惠票。

（三）海上交通

1. 金門快輪為金門往返高雄。
2. 大小金門交通為浯江輪，來往於大金門水頭碼頭和小金門九宮碼頭，每日十四班開往小金門、十三班返回大金門，約每小時一班，航行時間約 15～20 分鐘。

（四）公車

公車目前計有金城站、山外站、金沙站、烈嶼站、金湖站等車站，設置殘障公車預約服務。

（五）計程車

計程車目前有金門縣計程車客運商業同業公會、金門縣金門計程車運輸合作社、金門縣愛心計程車運輸合作社、金廈計程車合作社及金門縣觀光解說計程車等五種選擇。金門的計程車除了機場排班車外，一般皆採跳表收費，起價 70 元，行駛 1.5 公里後開始跳表，每 300 公尺跳 5 元。若從機場至金城市區、山外市區則不跳錶而以趟次計算，至金城及山外皆約 200 元、水頭與沙美約 300 元。小金門的計程車則以一小時 400 元計價。

二、膳食住宿

到金門的膳食住宿有飯店、民宿、餐廳及旅行社等選擇方式，其中珠山 75 號民宿及南山 5～6 號民宿於 2006 年曾為觀賞鸕鶿的主題民宿（金門鸕鶿季，2009l，2009m）。

（一）飯店及民宿

1. 飯店：住宿飯店目前有金麗麗大飯店、山外賓館、金湖旅館、六桂飯店、四海大飯店、金門旅館、金沙假日大飯店、海福飯店、金寶來大飯店、長鴻山莊、海客棧、福華大飯店、濱海飯店、台金大飯店、大成飯店、金帝大飯店、金城山莊、海花園飯店、宏福大飯店、浯江大飯店及金瑞大飯店等二十一家。

2. 民宿：民宿目前有夏興客棧、龍泉民宿、廟口民宿、明園民宿、金馬玉堂、塔后民宿、風約民宿、微風海戀、觀海民宿、伯爵民宿、瓏泉山莊民宿、大宅門、小金門民宿、湶民山莊民宿、水頭 29 號民宿、水頭 33 號民宿、水頭 34 號民宿、水頭 37 號民宿、水頭 40 號民宿、水頭 44 號民宿、水頭 63 號民宿、水頭 85 號民宿、水頭 121 號民宿、珠山 75 號民宿、瓊林 159 號民宿、瓊林 153 號民宿、南山 5-6 號民宿、珠山 41 號民宿、水頭 42 號民宿、瓊林 100 號民宿、水頭 64 號民宿、歐厝 17 號民宿、水頭 6 號民宿、山后 48 號民宿、珠山 28 號民宿及水頭 86 號民宿等 36 家。

其中珠山 75 號民宿於 2006 年成為觀鳥的主題民宿，民宿內以「燈箱規劃金門鳥類分佈圖（主要介紹金門鳥類）」、「利用全彩版面及海報框以鸕鶿為主題」、「收錄二十種金門候鳥美妙的鳥類聲音 CD」、「陳列金門縣政府自然生態相關出版品及金門國家公園管理處自然生態相關出版品等刊物」、「收集鳥類居住環境等相關素材，例如誘鳥植物、鳥窩仿作等裝置，作為前落客廳之展示情境布置」。南山 5～6 號民宿結合賞鳥生態與金門古厝將金門之自然生態、人文古績及建築之美介紹給金門遊玩之旅客，且將空間分為三大主題區來呈現。「懸掛野鳥攝影作品成為室內作品欣賞區並為客人解說鳥類生態」、「放置金門的鳥類及生態書籍、提供遊客閱讀、播放鳥類 CD 及金門生態及鳥類 DVD」、「印製精美之野鳥明信片、書籤做為行銷推廣之用」、「佈置賞鳥迷彩帳篷，讓遊客實地體驗賞鳥意境」。

3. 餐廳：餐廳目前有記德海鮮餐廳、藝耕咖啡館、盈春閣餐廳、竹軒川菜料理、金瑞大飯店股份有限公司、金三角餐廳、集成小吃、高坑有限公司、談天樓、珍香、巧味香小吃店、臨海海鮮餐廳、壽記粥糜店、生記餛飩肉丸小吃店、成功鍋貼館、助發小吃店、吧薩串烤餐廳、巴布義式咖啡館、金瓦城餐廳及陽明菜館等 20 家。

4. 旅行社

(1) 金門地區的旅行社：目前有三菱旅行社、亘祥旅行社有限公司、永祥旅行社、安全旅行社、安德力旅行社、育昇國際旅行社、金明生旅行社、金馬旅行社、金廈旅行社、金環球旅行社及長伶旅行社等十一家。

(2) 台灣地區往返金門的旅行社：目前有 ezTravel 易遊網、中國時報旅行社股份有限公司、東南旅行社、采風錄旅行社有限公司、雄獅旅遊及燦星旅遊網旅行社股份有限公司等 6 家。

三、周邊服務之相關研究

本研究彙整周邊服務之相關研究，如表 2-4 所示。

（一）李麗梅、保繼剛（2000）：以問卷調查方式探討中山大學學生的旅遊行為，結果顯示影響學生選擇旅遊目的地的因素包含交通接駁、旅遊距離、膳宿類型、旅遊時間、旅遊費用及旅遊安全等六項因素。

（二）杜慧音（2002）：以遊客及當地居民為問卷研究的對象，探討金瓜石生態旅遊的遊程設計。結果顯示在旅遊時程方面，依序為「半天」、「全天」及「住宿一晚」；在交通工具方面，依序為「自行開車」、「搭乘公共汽車」、「機車」、「火車」、「自行車」及「搭乘火車再轉乘接駁公車」；在消費地點方面，依序為「小吃店」、「紀念品店」、「風味餐廳」、「名產店」及「民宿」；在遊客期望獲得的體驗及收獲方面，依序為「接近大自然，增加戶外體驗」、「了解當地的地質和地形特色」、「採礦遺址探險」及「了解當地人文歷史脈絡」；在遊客旅遊服務需求方面，依序為「專業導覽及解說」、「遊程建議路線」、「旅遊專刊及摺頁」及「食宿手冊」。

表 2-4　相關研究彙整表

研究者	年代	研究主題	研究摘要
李麗梅 保繼剛	2000	探討中山大學學生的旅遊行為。	影響學生選擇旅遊目的地的因素包含交通接駁、旅遊距離、膳宿類型、旅遊時間、旅遊費用及旅遊安全等六項因素
杜慧音	2002	探討金瓜石生態旅遊的遊程設計。	1. 在旅遊時程方面，依序為半天、全天及住宿一晚。 2. 在交通工具方面，依序為自行開車、搭乘公共汽車、機車、火車、自行車及搭乘火車再轉乘接駁公車。 3. 在消費地點方面，依序為小吃店、紀念品店、風味餐廳、名產店及民宿。 4. 在遊客期望獲得的體驗及收獲方面，依序為接近大自然，增加戶外體驗、了解當地的地質和地形特色、採礦遺址探險及了解當地人文歷史脈絡。 5. 在遊客旅遊服務需求方面，依序為專業導覽及解說、遊程建議路線、旅遊專刊及摺頁及食宿手冊。
黃燦煌 陳武正	2000	探討台灣地區居住都市交通品質與旅遊路線選擇型態之間的關聯性	1. 北部、中部及南部三個地區的民眾在旅遊路線選擇型態方式，大部分屬於當天來回的旅遊路線型態。 2. 東部地區的民眾則以三天以上的旅遊路線型態為主。 3. 西部由於遊憩的景點較為集中且交通發達，所以，當天來回的旅遊型態佔較多數。 4. 旅遊型態為兩天以上者，大部分先進行行程的規劃，且會先考慮交通路程及接駁的方式。

謝孟君	2003	探討日月潭國家風景區生態旅遊的承載量。	1. 影響土壤生態承載量方面依序為交通工具對土壤的重壓、機動船舶的使用及遊客的踐踏。 2. 影響空氣生態承載量方面依序為汽車的排煙及燃燒廢棄物。 3. 生態旅遊活動在社會承載量的考量依序為居民層面、遊客層面及業者層面。 4. 生態旅遊活動在設施承載量的考量依序為基礎設施、水域設施、交通設施、遊憩設施及餐宿設施。
Flognfeldt	1992	探討觀光遊客選擇旅遊路線的影響因素。	影響旅客選擇旅遊路線的影響因素包含客源地、旅遊目的類型、旅遊天數、目的地旅遊天數、旅伴類型、旅遊距離、旅遊工具類型、目的地類型、膳宿類型、旅遊季節、旅遊資訊及活動促銷等十二項因素。
Oppermann	1995	探討國際間的旅遊路線模式。	1. 影響旅客選擇旅遊路線的模式包含客源地、旅遊目的類型、旅遊天數及停留在觀光當地的旅遊天數。 2. 國際長途旅遊的模式，遊客到達和離開觀光目的地區域的地點是不一樣的。會先搭乘飛機到定點後，交通接駁的方式為採行租車，參觀一系列鏈狀目的地景點後，再選擇航空交通，搭乘飛機直接返回出發的地點。

（三）黃燦煌、陳武正（2000）：以北部、中部、南部及東部等四個地區的民眾為研究對象，探討台灣地區居住都市交通品質與旅遊路線選擇型態之間的關聯性。結果顯示北部、中部及南部三個地區的民眾在旅遊路線選擇型態方式，大部分屬於當天來回的旅遊路線型態；東部地區的民眾則以三天以上的旅遊路線型態為主，表示地區性的遊憩活動、景點間的距離和遊憩活動型態有顯著的關聯性。台灣西部由於遊憩的景點較為集中且交通發達，所以，當天來回的旅遊型態佔較多數，而東部各景點間的距離均較遠，如果要設計較豐富的旅遊行程，必需花費較多的時間。而旅遊型態為兩天以上者，大部分先進行行程的規劃，且會先考慮交通路程及接駁的方式。

（四）謝孟君（2003）：以生態承載量、社會承載量與設施承載量之三項構面為主，探討日月潭國家風景區生態旅遊的承載量，結果顯示專家學者在考量生態旅遊區的承載量方面依序為「生態承載量」、「社會承載量」及「設施承載量」；影響植物生態承載量方面依序為「廢水排放」、「外來優勢種的引進」、「當地居民環境保護意識」、「遊客的踐踏」、及「遊客的攀折」；影響動物生態承載量方面依序為「棲地減少」、「餐廳以當地動物為食材」、「垃圾污染」、「噪音污染」及「遊客的餵養行為」；影響土壤生態承載量方面依序為「交通工具對土壤的重壓」、「機動船舶的使用」及「遊客的踐踏」；影響空氣生態承載量方面依序為「汽車的排煙」及「燃燒廢棄物」；生態旅遊活動在社會承載量的考量依序為「居民層面」、「遊客層面」及「業者層面」；在設施承載量的考量依

序為「基礎設施」、「水域設施」、「交通設施」、「遊憩設施」
及「餐宿設施」。

（五）Flognfeldt（1992）：以挪威旅客及旅遊業者為研究對象，
探討觀光遊客選擇旅遊路線的影響因素。結果顯示影響旅
客選擇旅遊路線的影響因素包含客源地、旅遊目的類型、
旅遊天數、目的地旅遊天數、旅伴類型、旅遊距離、旅遊
工具類型、目的地類型、膳宿類型、旅遊季節、旅遊資訊
及活動促銷等十二項因素。

（六）Oppermann（1995）：以到訪馬來西亞觀光的旅客為訪談對
象，探討國際間的旅遊路線模式，結果顯示影響旅客選擇
旅遊路線的模式包含客源地、旅遊目的類型、旅遊天數及
停留在觀光當地的旅遊天數，而國際長途旅遊的模式，遊
客到達和離開觀光目的地區域的地點是不一樣的，像是旅
遊美國的歐洲旅客會先搭乘飛機到達紐約後，交通接駁的
方式為採行租車以橫越美國大陸，參觀一系列鏈狀目的地
景點後，再選擇航空交通，從舊金山搭乘飛機直接返回出
發的地點。

第四節　附屬價值之理論與相關研究探討

交通部觀光局（2002）依據現行觀光法規及參考國外實務經
驗，在研擬生態旅遊地及生態旅遊業者之評鑑機制中提出六項機
制，分別為：

（一）旅遊經營：吸引力、營運管理、環境教育、消費者滿意度調查。

（二）實質環境建設：開發利用、法令規定、環境衝擊、環境品質、綠色採購。

（三）自然資源：學術研究、生態保育、

（四）人文資源：學術研究、資源保育。

（五）社區發展：社會層面、經濟層面、社區合作。

（六）行銷效益：主動參與行銷、積極建立生態旅遊意象。

　　生態旅遊所涉及的領域必需是以自然資源為基礎、建立永續經營的管理制度、主管機構支持生態保育以及規劃環境教育計劃（Buckley, 1994）。而生態旅遊應該是支持保育的旅遊，致力於環境保育組織或活動的支持與貢獻，在生態景點中設置解說服務及教育標誌，針對遊客規劃不同的教育計劃或主題，直接或間接給予生態保育組織在經濟上的支援（趙芝良，1996）。

一、生態保育教育

　　生態環境提供遊客另類的旅遊選擇，觀光遊客在欣賞自然景觀時，個人的旅遊行為、主管經營機構的倡導能力、提供旅遊服務的專業人員及對遊客需求回應者等方面均影響遊客對生態環境的保育及維護的觀念。近年來全球人口急速的膨脹之下，加上工業的蓬勃發展造成污染嚴重惡化，自然生態資源被超額開發導致環境破壞程度日益加劇，全球共同面臨許多生態保育的議題，包括：

（一）熱帶雨林因濫砍而逐漸減少。

（二）海洋因超限捕撈及廢水而受到污染。

（三）河川乾涸、廢氣污染及核廢料掩埋。

（四）土壤因不當地耕作而產生劣化。

（五）溫室效應造成氣候暖化。

（六）能源負載消耗。

（七）外來物種藉由人類而成為生態殺手。

（八）稀有物種滅絕速度加快。

（九）溼地被移作經濟開發而逐漸減少等。

　　因此，生態保育教育的實施不容忽視，而生態保育教育觀念的傳達，可以透過擁有員豐富專業知識的講解人員，運用流暢的口語及和藹可親的態度，傳達生態保育的理念，同時選擇適宜的生態保育教育的題材，以吸引遊客的注視及聆聽（吳忠宏、黃文雄、李介祿、李雅鳳，2007；彭國棟，2008）。

　　藉由生態自然中心的動態語音服務，透過電視螢幕牆訊息重覆播放，擺放景點服務的摺頁說明，配合導覽解說服務人員的講解，達到傳遞生態保育教育資訊的目標。若遊客本身具備基本的生態保育認知觀念，也可以傳達生態教育的意義。對於環境保育方面知識的獲得，研究指出獲得知識的管道以觀看自然生態介紹的電視節目達多數，其次則是以興趣閱讀戶外遊憩相關雜誌或是環境相關的雜誌資訊（林晏州、Peterson、林寶秀、Champ，2007）。

　　教育部在 1989 年即擬訂「台灣地區公立社會教育機構推行環境教育五年計劃」，同時整體規劃網路以推動社會環境教育方針，該計劃內容（王麗娟、謝文豐，2003；彭國棟，2008）包含：

（一）研訂社會環境教育方針。

（二）設立區域環保展示及自然教育中心。

（三）舉辦區域性環保教育研討會。

（四）「戶外環境教育研習活動」。

　　而生態保育教育的方法（王麗娟、謝文豐，2003；彭國棟，2008）可以透過以下幾點加以實施：

（一）舉辦研習營及保育人員訓練班。

（二）推展社區生態教育。

（三）輔導成立保育社團及設立教育中心。

（四）辦理多元化的保育及展示活動。

（五）出版保育資訊及成立傳播管道。

（六）製作解說摺頁、手冊及標示牌。

（七）生態物種保育等級評定。

（八）自然生態保護區的設置。

（九）擬訂生態環境管理政策。

（十）推動自然保育法令。

（十一）實施及輔導生態環境教育課程。

二、宣傳金門

　　對每一位到金門的遊客可能是曾經去過金門、現在正準備去金門、未來可能因朋友或媒體推薦而考慮會去金門，而現今的市場消費行為已轉變為顧客導向，必需考慮顧客真正的需求，利用平面媒體、電子媒體或政府機關透過行銷策略宣導金門旅遊的價值，以讓

顧客持續不斷地到金門旅遊消費。運用金錢交換得到物品或服務者通常稱為顧客，在商業上或組織中，有許多的代名詞也可以稱為顧客，像是委託人、患者、遊客、資助人、會員、同伴、保戶、買主、訂閱者、讀者、觀眾或學生，不同種類的交易行為產生不同名稱的顧客（Timm, 1998）。顧客即是具有消費能力的人，而構成顧客滿意的要素包含服務及商品連結而成的直接要素，及創造形象的間接要素，以往顧客只重視品質、機能及價格，現今，則要求銷售前後的服務品質，如圖 2-11 所示（張百清，1994）。

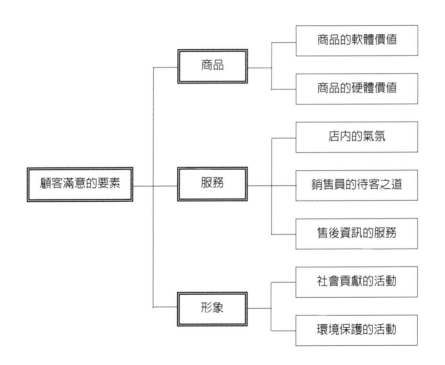

圖 2-11　顧客滿意構成要素

資料來源：本研究整理；張百清（1994）。

　　金門擁有許多的歷史人文背景及其所處位置極具特殊性，因此，蘊藏著許多寶貴的文化資源，像是戰地文化、人文史蹟、聚落文化古蹟、戰役遺蹟、島嶼自然生態、傳統慶典、古厝民宿或特殊產業活動，都是金門當地特有文化的表徵。國家公園在自然生態保育、文化資源維護及金門整體發展均有相當程度的貢獻，而金門地區的居民對文化的維護更是不遺於力，因此，善加利用行銷方案，加強宣導金門，讓民眾對金門有更深層的認識，進而活絡金門傳統珍貴的文化，提昇金門地區整體經濟發展的效益（李琮閔，2004）。

三、附屬價值之相關研究

　　本研究彙整附屬價值之相關研究，如表 2-5 所示。

（一）呂適仲（2000）：以雪霸國家公園武陵遊憩區為例，探討發展生態旅遊之遊憩資源效益評估。由於國人週休二日後，從事休閒旅遊的風氣日漸蓬勃發展，其中國家公園亦成為民眾從事休閒活動的考量，而國家公園所扮演的角色除休閒活動的功能外，亦增加生態保育教育的效益。因此，針對遊客對生態旅遊認知、發展生態旅遊之遊憩資源效益、擁擠程度及其效益與環境滿意程度進行評估，提出「發展生態旅遊環境資源」、「遊客管理以及環境教育」、「居民環境維護與利益創造策略」及「遊憩衝擊管理」等四項的經營管理策略。

（二）林晏州、Peterson、林寶秀、Champ（2007）：以太魯閣國家公園鄰近社區居民及到訪遊客為受訪研究的對象，探討遊客與居民對太魯閣國家公園資源保育願付費用之影響因素分析與比較，研究結果顯示，對國家園的態度與行為方面依序

為「國家公園內的觀光旅遊活動必要時應該受到限制，以保護受到威脅的原生動植物」、「國家公園設立的重要理由是保護台灣原生動植物」及「設立國家公園以供後代子孫享用是重要的」；在環境保育與行為方面依序為「看過探討自然的電視節目」及「看過戶外或環境雜誌」；在遊客願付價格差異方面，遊客平均最高願意捐款金額為 1,388.30 元顯著高於花蓮居民最高願意捐款金額 700.6 元。

（三）陳炳輝（2002）：探討大雪山森林遊樂區遊客環境態度對生態旅遊之影響，研究結果顯示，生態旅遊區域應該減少人工的建設且盡量以自然景觀為主題，環境教育的確可以誘發觀光遊客的旅遊態度與旅遊行為，經由生態環境教育，能夠促使遊客更加了解大自然的本質，懂得學習欣賞與體驗天然景觀的特色以及附屬價值。遊客認為解說教育是生態旅遊成功與否的關鍵，而學歷越高的遊客愈能接受生態環境教育，對於生態不當的破壞行為及對環境的保育，則可以作為親子教育的議題。受過生態保育教育以及曾經參加過生態社團的民眾，其對於園區的規定和限制規定配合度相當高。而實施分區輪流開放制度，管控遊客的數量，則可以降低破壞生態環境的機率及讓生態可以休養生息。

（四）張清波（2006）：以實質環境面（水源、土壤、污染、經營管理等）、生物生態面（植物、動物等）與視覺景觀面（物理性、知覺性等）等三項構面為主，利用問卷調查分析方式，探討生態旅遊對溼地環境的衝擊因素。研究結果顯示，在實質環境方面，專家學者大多憂心高污染的工業對溼地環境造成的破壞程度，對溼地環境衝擊的因素包含外來非法傾倒廢土、外來物種入

侵、動植物棲息地連結度不佳及當地生活空間改變而喪失原鄉特色。所以，生態保育教育在生態旅遊的過程中，佔有極具重要的角色，唯有致力倡導生態保育教育，才可降低生態旅遊對生態環境的衝擊，適時且適當地保護生態資源。

（五）黃桂珠（2003）：以玉山國家公園梅山地區居民為受訪研究的對象，探討當地居民對玉山國家公園梅山地區環境衝擊認知與發展生態旅遊的態度。透過問卷調查方式了解當地居民對社會環境衝擊之認知程度、以及對於玉山國家公園發展生態旅遊之支持、參與度。研究結果顯示，居民認為國家公園內的旅遊活動衍生之正面環境衝擊較大，包含「增加工作機會」、「促進本地經濟繁榮」、「本地人收入增加」、「使當地歷史文化受到重視與保存」、「當地歷史文人廣為人知」、「居民肯定自己的文化」、「當地公共設施獲得改善」、「社區環境獲得完善保護」、「提昇當地生活品質」；在居民對生態旅遊認同度方面依序為「可提供遊客環境教育之機會」、「可增強其對環境之認知和保育的行動力」及「更加關懷當地社區」。居民對生態旅遊活動普遍性地認同，且支持度及參與意願極高，不同背景屬性對環境衝擊認知、發展生態旅遊之態度有差異，但居民對環境衝擊認知程度的差異均不影響國家公園旅遊活動可提供遊客環境教育的機會，而居民對環境衝擊認知程度越高，則對未來特定區域發展生態旅遊之支持以及參與度均會越高。

（六）劉瓊如（2007）：以政府部門、學術界、當地業者及導覽解說志工等專業人士為受訪研究的對象，探討阿里山達邦部落生態旅遊地永續發展之評估，指標重要評估層面依序為居

民、政府部門、遊客與生態旅遊業者。研究結果顯示，遊客認知評價依序為尊重當地文化、提昇社區經濟效益、消費滿意度與生態體驗等。居民認知評價依序為地方經濟發展、地方文化影響、地方社會衝擊與地方環境影響等；政府部門認知評價依序為政策組織配合、生態產業活化與生態環境永續；生態旅遊業者認知評價依序為社區聯盟合作、環境生態保育與生態旅遊服務。

表 2-5　相關研究彙整表

研究者	年代	研究主題	研究摘要
呂適仲	2000	探討發展生態旅遊之遊憩資源效益評估。	提出發展生態旅遊環境資源、遊客管理以及環境教育、居民環境維護與利益創造策略及遊憩衝擊管理等四項的經營管理策略。
林晏州 Peterson 林寶秀 Champ	2007	探討遊客與居民對太魯閣國家公園資源保育願付費用之影響因素分析與比較。	1. 對國家園的態度與行為方面依序為國家公園內的觀光旅遊活動必要時應該受到限制，以保護受到威脅的原生動植物、國家公園設立的重要理由是保護台灣原生動植物及設立國家公園以供後代子孫享用是重要的。 2. 在環境保育與行為方面依序為看過探討自然的電視節目及看過戶外或環境雜誌。 3. 在遊客願付價格差異方面，遊客平均最高願意捐款金額為 1,388.30 元顯著高於花蓮居民最高願意捐款金額 700.6 元。

陳炳輝	2002	探討大雪山森林遊樂區遊客環境態度對生態旅遊之影響	1. 環境教育的確可以誘發觀光遊客的旅遊態度與旅遊行為，經由生態環境教育，能夠促使遊客更加了解大自然的本質，懂得學習欣賞與體驗天然景觀的特色以及附屬價值。 2. 受過生態保育教育以及曾經參加過生態社團的民眾，其對於園區的規定和限制規定配合度相當高。 3. 實施分區輪流開放制度，管控遊客的數量，則可以降低破壞生態環境的機率及讓生態可以休養生息。
張清波	2006	探討生態旅遊對溼地環境的衝擊因素	1. 對溼地環境衝擊的因素包含外來非法傾倒廢土、外來物種入侵、動植物棲息地連結度不佳及當地生活空間改變而喪失原鄉特色。 2. 生態保育教育在生態旅遊的過程中，佔有極具重要的角色，唯有致力倡導生態保育教育，才可降低生態旅遊對生態環境的衝擊，適時且適當地保護生態資源。
黃桂珠	2003	探討當地居民對玉山國家公園梅山地區環境衝擊認知與發展生態旅遊的態度。	1. 國家公園內的旅遊活動衍生之正面環境衝擊較大，包含促進本地經濟繁榮、使當地歷史文化受到重視與保存、居民肯定自己的文化、當地公共設施獲得改善、社區環境獲得完善保護、提昇當地生活品質。 2. 居民對生態旅遊認同度方面

			依序為可提供遊客環境教育之機會、可增強其對環境之認知和保育的行動力及更加關懷當地社區。 3. 居民對生態旅遊活動普遍性地認同，且支持度及參與意願極高。
劉瓊如	2007	探討阿里山達邦部落生態旅遊地永續發展之評估。	1. 遊客認知評價依序為尊重當地文化、提昇社區經濟效益、消費滿意度與生態體驗等。 2. 居民認知評價依序為地方經濟發展、地方文化影響、地方社會衝擊與地方環境影響等。 3. 政府部門認知評價依序為政策組織配合、生態產業活化與生態環境永續。 4. 生態旅遊業者認知評價依序為社區聯盟合作、環境生態保育與生態旅遊服務。

第五節　本章總結

　　2002 年由交通部觀光局核准推動「生態旅遊計劃」，同時訂定該年為「生態旅遊年」，2005 年由行政院國家永續發展委員會研擬「生態旅遊白皮書」，以生態旅遊的觀念與精神為核心，積極開發生態旅遊活動。世界各地觀光景點的開發與行程的規劃，大部分均會造成生物棲息因觀光過度而遭受破壞及影響生態的整體環境，為了降低地球資源因人為破壞而不斷耗損，及創造生態環境的平衡，

倡導生態環境保育維護的自然導向旅遊概念因應而產生，生態旅遊涵蓋維護旅遊景點的天然和人文資源，平衡生態資源、保育教育及觀光旅遊三者之間的關係，是屬於兼具自然保育與旅遊發展之休閒活動。生態旅遊的發展重點在於運用當地自然的資源，發揮生態旅遊發展區域的地方特色，著重於規劃自然生態環境且人工建造設備較少的旅遊觀賞景點與行程動線，讓觀光遊客可以從整體旅遊過程中藉此學習生態保育得觀念。

金門擁有許多的歷史人文背景及其所處位置極具特殊性，因而產生多元化的生態環境及旅遊景點，由於全島的自然環境在軍事嚴格的控管下，整體生態受到極具高密度的保護，海岸線擁有潔白的沙灘、清澈的海水、湛藍的天空及遍地綠樹成蔭，因而擁有「海上公園」之美譽，植栽覆蓋率更高達 60%以上，成為鸕鶿越冬的最佳選擇，牠們每年 10 月下旬，由高緯度寒冷的北方飛到長江以南的湖泊及金門地區越冬，隔年 3 月底，才又陸續飛返長江以北的地區繁殖。金門縣政府與內政部營建署金門國家公園管理處自 2003 年起，每年 11 月至隔年 1 月份共同攜手策辦「金門鸕鶿季」旅遊推廣的活動，提供高品質、豐富多元化的生態旅遊。2003 年舉辦金門鸕鶿季活動，2004 年及 2005 年舉辦金門鸕鶿季旅遊活動，2006年舉辦輔助民宿營造觀鳥主題民宿、慈湖賞鸕鶿定點導覽、水試所及畜試所駐點導覽服務、鳥友金門大會師活動、觀光公車「金門賞鳥及生態之旅」、金門傳統古厝及生態之旅活動、金門鸕鶿季金門觀鳥攝影比賽及金門鸕鶿季「集戳兌換紀念品及參加搏狀元活動」等多項系列活動，2008 年舉辦「金門采風──古厝‧鸕鶿」活動。

依據丁宗蘇（2007）、吳忠宏（1999）、吳忠宏、黃文雄、李介祿、李雅鳳（2007）、何幸蓉（2005）、林鈴娟（2004）、林燈燦（2003）、

侯錦雄、郭彰仁（2003）、容繼業（2004）、陳君圻（2008）、陳信甫、陳永賓（2003）、陳君圻（2008）、張明洵、林玥秀（1992）、黃淑君、林慧娟、郭家汝（2003）、楊明賢（2006）、鄧天德（1992）、Anderson and Low（1985）、Baker and Crompton（2000）、Boyd and Butler（1996）、Derwin and Piper（1988）、Grinder and McCoy（1985）、Kuehner and Elsner（1978）、Ross and Lso-Ahola（1991）、Ross and Wall（1999a, 1999b）、Sharpe（1982）、Tilden（1977）、Wight（1998）等學者所提出的觀點，本研究將觀賞價值綜合分為旅遊行程規劃、觀賞鷗鷺、導覽與講解服務。

　　遊客選擇旅遊的模式將決定旅途中交通接駁與膳食住宿的方式，擁有較多具觀光價值的中途地點，被遊客選擇成為旅遊的目的地機會通常比較大。在交通接駁方面涵蓋大眾運輸接駁工具、自行開車、租小客車、租遊覽車、當地觀光導遊巴士、計程車、觀光解說計程車、機車、飛機、客輪；在膳食住宿方面則會選擇當地風味小吃、自行準備餐點、飯店或民宿。

　　依據李麗梅，保繼剛（2000）、杜慧音（2002）、黃燦煌、陳武正（2000）、謝孟君（2003）、Flognfeldt（1992, 1999）、Lue, Crompton, and Fesenmaise（1993）、Oppermann（1995）、Pearce（1987, 1990）、Smith（1983）等學者所提出的觀點，本研究將周邊服務綜合分為交通接駁及膳食住宿。

　　交通部觀光局（2002）依據現行的觀光法規及參考國外實務經驗，在研擬生態旅遊地及生態旅遊業者之評鑑機制中提出旅遊經營、實質環境建設、自然資源、人文資源、社區發展及行銷效益等六項機制。

　　生態旅遊所涵蓋的領域範圍是以自然資源為主要發展基礎,同時建立永續經營的管理制度、規劃生態保育教育計劃以支持生態保育的旅遊型態。在生態旅遊景點的適當場所設置解說服務中心、教育標誌及手冊、生態標示牌、生態自然中心的動態語音服務、電視螢幕牆訊息重覆播放、擺放景點服務的摺頁說明及規劃不同的教育主題,提供旅遊服務的專業人員及對遊客需求迅速回應,將生態保育教育的觀念透過擁有豐富的專業知識講解人員傳達給每位遊客,以達到生態保育教育的功能。

　　國家公園的經營對自然生態保育、文化資源維護及金門整體發展均有相當程度的貢獻,而金門地區的居民對文化的維護更是不遺於力,因此,善加利用行銷手法,加強宣導金門生態旅遊的觀賞價值,讓民眾對金門有更深層的認識,進而活絡金門傳統珍貴的文化,藉以提昇金門地區整體經濟發展的效益。

　　依據王麗娟、謝文豐(2003)、李琮閔(2004)、呂適仲(2000)、吳忠宏、黃文雄、李介祿、李雅鳳(2007)、林晏州、Peterson、林寶秀、Champ(2007)、張百清(1994)、張清波(2006)、陳炳輝(2002)、黃桂珠(2003)、彭國棟(2008)、趙芝良(1996)、劉瓊如(2007)、Buckley(1994)、Timm(1998)等學者所提出的觀點,本研究將附屬價值綜合分為生態保育教育及宣導金門。

　　觀光景點行程規劃適宜得當,可以保護觀光地區的天然景觀資產,提昇旅遊的觀賞價值,除了提供觀光遊客豐富的旅遊經驗外,還可以增加當地社區的整體稅收及就業機會,藉以提高當地居民的生活水準。結合觀光旅遊與生態資源,同時在旅遊行程中藉由適當的教育方式,積極將生態保育教育融入生態旅遊中,讓民眾學習與體驗生態旅遊的真正意涵,將有助於資源永續經營與保育,再配合

當地社區的協同合作與國家公園的相互支援發展，則可以藉由文化體驗與經濟利益共享等方式，讓金門鸕鶿季生態旅遊活動能夠邁向永續經營的發展目標。

第參章　研究方法

第一節　研究架構

　　本研究經過文獻的整理、閱讀以及配合研究主題，探討金門鸕鶿季當中，遊客參加生態旅遊觀賞的價值，對於周邊服務與附屬價值之影響，並發展出本研究的架構，說明如下。

一、生態旅遊觀賞價值

　　將生態旅遊觀賞的規劃當中，從抵達金門到觀賞鸕鶿的行程將以解釋，分別為旅遊行程規劃、觀賞鸕鶿與導覽與講解服務。

二、周邊服務

　　抵達金門的交通問題，住宿安排的問題，膳食的問題都需要解決，而這些交通、住宿、膳食所提供的服務狀況如何？因此將交通接駁與膳食住宿列入研究當中。

三、附屬價值

對於遊客到金門觀賞鸕鷀以及觀賞許多生態與人文史蹟之後，有沒有吸收新的觀念或是感到此趟旅遊有所價值？因此探討生態保育教育以及宣傳金門的效果。

四、影響關係的發展

由於遊客參加金門鸕鷀季生態旅遊，其觀賞價值、周邊服務與附屬價值之相互影響關係的情況如何？因此將其影響關係加以運用箭頭表達各變數之間的影響關係。（如圖 3-1）

第二節　問卷的編製過程

根據研究主題進行問卷的編製，採用李克尺度五點量表（Likert Type Scale）配合封閉式答案配分題的方式編製，阿拉伯數字 5 表示「非常同意」，數字 4 表示「同意」，數字 3 表示「無意見」，數字 2 表示「不同意」，數字 1 表示「非常不同意」，題項得分愈高表示同意程度愈高。

問卷根據相關理論與參考部分相關文獻編製，設定僅針對旅遊團體附有隨團講解導遊服務人員的民眾進行抽樣，符合本研究有關

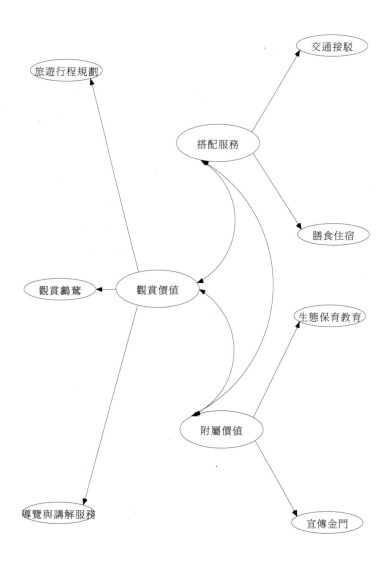

圖 3-1 研究架構圖

生態教育相關的主題，以符合效度的需求，編製過程參考的資料與
文獻在效度分析當中說明。

一、效度分析

（一）生態旅遊觀賞價值：參考丁宗蘇（2007）鸕鷀觀賞，何幸蓉
　　　（2005）生態旅遊管理對策，吳忠宏、黃文雄、李介祿、李
　　　雅鳳（2007）休閒遊憩，侯錦雄、郭彰仁（2003）生態旅遊
　　　動機與旅遊特性，容繼業（2004）旅行業理論與實務，陳君
　　　圻（2008）生活與旅遊型態，楊明賢（2006）解說教育、
　　　Baker and Crompton（2000）服務品質、Ross and Wall（1999a,
　　　1999b）觀光動機與相關理論、Wight（1998）旅遊規劃與管
　　　理等理論，編列問卷題項。

（二）周邊服務：參考李麗梅、保繼剛（2000）旅遊行為，杜慧音
　　　（2002）生態旅遊遊程設計，黃燦煌、陳武正（2000）交通
　　　品質與旅遊路線選擇型態，陳君圻（2008）旅遊路線，謝孟
　　　君（2003）生態旅遊觀點探討承載量，Flognfeldt（1992, 1999）
　　　交通地理與行為等，Lue, Crompton, and Fesenmaise（1993）
　　　旅遊路線終點，Oppermann（1995），Pearce（1987, 1990）
　　　旅遊規劃等理論，編列問卷題項。

（三）附屬價值：參考王麗娟、謝文豐（2003）生態保育，李琮閔
　　　（2004）金門地區傳統聚落文化，呂適仲（2000）遊憩區發
　　　展生態旅遊之遊憩資源效益，吳忠宏、黃文雄、李介祿、李
　　　雅鳳、（2007）休閒遊憩解說服務，林晏州、Peterson、林寶
　　　秀、Champ（2007）資源保育，張清波（2006）生態旅遊對

　　溼地環境衝擊，彭國棟（2008）自然保育概論，劉瓊如（2007）生態旅遊地永續發展評估，Buckley（1994）生態旅遊，Timm（1998）顧客服務等理論，編列問卷題項。

（四）總共設計四十四個題項，包括生態旅遊觀賞價值、周邊服務、附屬價值等共三十五題，人口統計變項為九題。

（五）問卷初稿請相關領域的五位學者閱讀與修正，以符合內容效度。

二、問卷題項內容

（一）生態旅遊觀賞價值：內容有關金門鸕鷀季的活動，對於生態旅遊行程規劃，對於觀賞鸕鷀的感受，導遊與服務人員對於鸕鷀生態的導覽與講解服務等，請參表 3-1。

（二）周邊服務：內容有關抵達金門搭乘交通工具，接駁接送等問題，對於住宿安排的問題，膳食的問題，所提供的服務狀況如何等，請參表 3-1。

（三）附屬價值：對於遊客到金門觀賞鸕鷀以及觀賞許多生態與人文史蹟之後，有吸收新的觀念或是感到此趟旅遊有所價值，探討生態保育教育以及宣傳金門的效果，請參表 3-1。

表 3-1　問卷題項內容摘要表

變數	因素	題項
生態旅遊 觀賞價值	旅遊行程 規劃	1.藉由網路知道金門鸕鷀季的活動而規劃行程 2.聽親朋好友提過賞鸕鷀的生態旅遊而規劃行程 3.因為親朋好友邀約而一起規劃此次行程 4.透過旅行社安排旅遊行程的規劃 5.旅行社行前說明讓我知道旅遊有那些景點

	觀賞鸕鷀	6.金門上空許多鸕鷀飛翔讓我留下深刻的印象
		7.喜歡觀賞鸕鷀各自成群在空中飛舞
		8.喜歡觀賞鸕鷀空中整齊排列的隊形
		9.棲息在樹林上的鸕鷀相當多而壯觀
		10.鸕鷀覓食捕魚動作熟練優雅
	導覽與講解服務	11.導遊等服務人員導覽講解金門生態的發展
		12.導遊等服務人員說明鸕鷀的生活習性
		13.導遊等服務人員說明鸕鷀的成長過程
		14.導遊等服務人員說明飛行編隊的意義
		15.導遊等服務人員說明鸕鷀覓食的過程
周邊服務	交通接駁	16.搭乘的交通工具遵守交通規則
		17.座位寬敞舒適
		18.接駁專車服務人員沿途景點與生態解說
		19.轉乘接駁交通車遵守時間的約定接送
		20.搭乘的交通工具外觀乾淨整潔
	膳食住宿	21.膳食安排準時不延誤
		22.旅途中提供飲水
		23.餐廳膳食服務快速
		24.住宿安排房間得宜沒有爭議
		25.住宿地點安靜適宜
附屬價值	生態保育教育	26.主動留意生態解說告示牌
		27.到金門學習到鳥類觀賞的生態知識
		28.對金門人文史蹟的解說有印象
		29.與親朋好友討論生態的環境
		30.學習到不破壞保育生態的新觀念
	宣傳金門	31.知道金門生態的維護單位
		32.知道金門努力於生態保育工作
		33.知道金門鸕鷀季的鳥類保育特色
		34.記得金門著名景點的名稱
		35.感到此趟金門旅遊有學習到新事物

三、人口統計變項題項

人口統計變項之內容敘述如下：

（一）性別：男性與女性等 2 個變項。

（二）婚姻狀況：未婚與已婚等 2 個變項。

（三）年齡：20 歲（含）以下、21～30 歲、31～40 歲、41～50 歲、51 歲（含）以上等五個變項。

（四）教育程度：高中職（含）以下、大專院校、研究所以上等三個變項。

（五）職業：教育、農業、工業、商業、公務人員、自由業、其他（退休、待業、家管）等七個變項。

（六）個人月收入：30,000 元（含）以下、30,001 元～50,000 元、50,001 元～70,000 元、70,001 元以上等四個變項。

（七）居住地區：北部地區（基、北、桃、竹、苗）、中部地區（中、彰、雲、嘉）、南部地區（台南、高、屏）、東部地區（宜、花、東）、離島地區（澎湖、馬祖等）等五個變項。

（八）造訪金門次數：2 次以下、3～5 次、6～8 次、9 次以上等四個變項。

（九）知道生態旅遊的意義：不知道、以前聽過但並不清楚、觀賞金門鸕鶿與了解相關活動之後知道等 3 個變項。

四、信度分析

問卷於 2008 年 11 月 6 日至 11 月 15 日進行預試，用以分析所編製問卷的信度。運用便利抽樣的方式，在金門地區慈湖與太湖堤

防周遭，對於現場觀賞鸕鷀生態的民眾發放與回收問卷的方式，發出 100 份回收 93 份有效問卷進行測試。

以下進行信度分析：

（一）生態旅遊觀賞價值項目分析：其方法是將問卷題項的得分總和分為 2 組，第 1 組是總分由高往低排列 27% 的高分組，第 2 組是由低往高排列 27% 的低分組，運用獨立樣本 t 檢定進行高分組與低分組差異分析（吳明隆，2009a；邱皓政，2009）。結果顯示所有題項 p 值均小於.05，表示題項具有顯著差異，具有顯著的辨別度，請參閱表 3-2。

表 3-2　生態旅遊觀賞價值項目分析摘要表

題項	分組	平均數	標準差	t 值	p 值
題項 1	1 高分組	3.85	0.73	7.10*	.000
	2 低分組	2.24	0.88		
題項 2	1 高分組	3.92	0.63	4.26*	.000
	2 低分組	2.76	1.23		
題項 3	1 高分組	3.88	0.71	3.93*	.000
	2 低分組	2.84	1.14		
題項 4	1 高分組	3.85	0.73	8.55*	.000
	2 低分組	1.96	0.84		
題項 5	1 高分組	3.46	0.86	5.15*	.000
	2 低分組	2.16	0.94		
題項 6	1 高分組	3.73	0.72	5.83*	.000
	2 低分組	2.32	0.99		
題項 7	1 高分組	3.92	0.74	6.76*	.000
	2 低分組	2.28	0.98		
題項 8	1 高分組	3.88	0.77	6.44*	.000
	2 低分組	2.20	1.08		

題項	分組				
題項 9	1 高分組	4.00	0.69	6.87*	.000
	2 低分組	2.28	1.06		
題項 10	1 高分組	3.96	0.72	6.43*	.000
	2 低分組	2.36	1.04		
題項 11	1 高分組	3.38	1.10	4.44*	.000
	2 低分組	2.16	0.85		
題項 12	1 高分組	3.38	0.94	4.05*	.000
	2 低分組	2.36	0.86		
題項 13	1 高分組	3.38	1.20	3.12*	.003
	2 低分組	2.40	1.04		
題項 14	1 高分組	3.58	1.10	5.17*	.000
	2 低分組	2.08	0.95		
題項 15	1 高分組	3.65	1.06	4.78*	.000
	2 低分組	2.36	0.86		

*P＜.05

（二）周邊服務項目分析：其方法是將問卷題項的得分總和分為 2 組，第 1 組是總分由高往低排列 27% 的高分組，第 2 組是由低往高排列 27% 的低分組，運用獨立樣本 t 檢定進行高分組與低分組差異分析。結果顯示所有題項 p 值均小於.05，表示題項具有顯著差異，具有顯著的辨別度，請參閱表 3-3。

表 3-3　周邊服務項目分析摘要表

題項	分組	平均數	標準差	t 值	p 值
題項 16	1 高分組	3.58	0.90	3.31*	.002
	2 低分組	2.68	1.03		
題項 17	1 高分組	3.92	0.84	4.11*	.000
	2 低分組	2.84	1.03		

題項	分組	平均數	標準差	t值	p值
題項 18	1 高分組	3.96	0.77	4.30*	.000
	2 低分組	2.72	1.24		
題項 19	1 高分組	3.73	0.92	3.80*	.000
	2 低分組	2.72	0.98		
題項 20	1 高分組	3.73	0.60	3.65*	.001
	2 低分組	2.88	1.01		
題項 21	1 高分組	3.81	0.57	2.92*	.005
	2 低分組	3.04	1.21		
題項 22	1 高分組	3.73	0.60	3.09*	.003
	2 低分組	2.92	1.19		
題項 23	1 高分組	3.81	0.63	2.86*	.006
	2 低分組	3.04	1.21		
題項 24	1 高分組	3.38	0.98	4.34*	.000
	2 低分組	2.12	1.09		
題項 25	1 高分組	3.35	0.80	3.56*	.001
	2 低分組	2.40	1.08		

*P＜.05

（三）附屬價值項目分析：其方法是將問卷題項的得分總和分為 2
　　組，第 1 組是總分由高往低排列 27%的高分組，第 2 組是由
　　低往高排列 27%的低分組，運用獨立樣本 t 檢定進行高分組
　　與低分組差異分析。結果顯示所有題項 p 值均小於.05，表
　　示題項具有顯著差異，具有顯著的辨別度，請參閱表 3-4。

表 3-4　附屬價值項目分析摘要表

題項	分組	平均數	標準差	t 值	p 值
題項 26	1 高分組	3.58	0.58	2.53*	.014
	2 低分組	3.00	1.00		

題項 27	1 高分組	3.96	0.60	3.53*	.001
	2 低分組	3.08	1.12		
題項 28	1 高分組	3.92	0.69	2.97*	.005
	2 低分組	3.16	1.11		
題項 29	1 高分組	3.96	0.53	3.52*	.001
	2 低分組	3.16	1.03		
題項 30	1 高分組	4.31	0.68	4.48*	.000
	2 低分組	3.16	1.11		
題項 31	1 高分組	3.62	0.57	2.68*	.010
	2 低分組	2.96	1.10		
題項 32	1 高分組	3.77	0.59	3.42*	.001
	2 低分組	2.92	1.12		
題項 33	1 高分組	3.73	0.67	3.56*	.001
	2 低分組	2.72	1.28		
題項 34	1 高分組	3.73	0.87	3.07*	.003
	2 低分組	2.84	1.18		
題項 35	1 高分組	3.69	0.84	2.98*	.004
	2 低分組	2.84	1.18		

*$P < .05$

（四）生態旅遊觀賞價值探索性因素分析：Kaiser-Meyer-Olkin 取樣適切性量數（KMO）數值要大於 0.5，Barlett 球形檢定 p 值必須小於.05，才適合進行探索性因素分析（吳明隆，2009a；邱皓政，2009）。KMO 檢定結果為 0.84，Barlett 球形檢定顯著性 p 值為.000，請參閱表 3-5。探索性因素分析採用主軸因子配合斜交轉軸，特徵值以大於 1 為主。因素依題項與模式設計發展為「觀賞鷿鷈」、「導覽與講解服務」與「旅遊行程規劃」，因素負荷量均大於 0.52，累積總變異量為 74.64，請參閱表 3-6。3 個因素的內部一致性係數信度

Cronbach's α 值均超過 0.7 的標準，表示問卷題項合乎本研究之用。

表 3-5　生態旅遊觀賞價值 KMO 與 Bartlett 檢定摘要表

項目	數值
Kaiser-Meyer-Olkin 取樣適切性量數	0.84
Bartlett 球形檢定　近似卡方分配	1324.00
自由度	105
顯著性	.000

表 3-6　生態旅遊觀賞價值因素分析摘要表

因素	題項	因素負荷量	特徵值	變異量	累積變異量	內部一致性
觀賞鸕鶿	題項 7	0.92	7.54	50.29	50.29	0.93
	題項 6	0.87				
	題項 8	0.84				
	題項 9	0.76				
	題項 10	0.75				
導覽與講解服務	題項 12	0.91	2.07	13.86	61.15	0.90
	題項 15	0.89				
	題項 11	0.80				
	題項 13	0.66				
	題項 14	0.56				
旅遊行程規劃	題項 2	0.94	1.57	10.49	74.64	0.88
	題項 3	0.71				
	題項 4	0.61				
	題項 5	0.61				
	題項 1	0.52				

（五）周邊服務探索性因素分析：Kaiser-Meyer-Olkin 取樣適切性量數（KMO）數值要大於 0.5，Barlett 球形檢定 p 值必須小於.05，才適合進行探索性因素分析。KMO 檢定結果為 0.75，Barlett 球形檢定顯著性 p 值為.000，請參閱表 3-7。探索性因素分析採用主軸因子配合斜交轉軸，特徵值以大於 1 為主。因素依題項與模式設計發展為「交通接駁」與「膳食住宿」，因素負荷量均大於 0.55，累積總變異量為 68.70，請參閱表 3-8。2 個因素內部一致性係數信度 Cronbach's α 值均超過 0.7 的標準，表示問卷題項合乎本研究之用。

表 3-7　周邊服務 KMO 與 Bartlett 檢定摘要表

項目	數值
Kaiser-Meyer-Olkin 取樣適切性量數	0.75
Bartlett 球形檢定　近似卡方分配	706.13
自由度	45
顯著性	.000

表 3-8　周邊服務因素分析摘要表

因素	題項	因素負荷量	特徵值	變異量	累積變異量	內部一致性
交通接駁	題項 17	0.94				
	題項 19	0.88				
	題項 18	0.75	3.70	37.07	37.07	0.88
	題項 20	0.74				
	題項 16	0.55				
膳食住宿	題項 23	0.89				
	題項 21	0.84				
	題項 22	0.77	3.16	31.63	68.70	0.90
	題項 25	0.73				
	題項 24	0.61				

（六）附屬價值探索性因素分析：Kaiser-Meyer-Olkin 取樣適切性量數（KMO）數值要大於 0.5，Barlett 球形檢定 p 值必須小於.05，才適合進行探索性因素分析。KMO 檢定結果為 0.75，Barlett 球形檢定顯著性 p 值為.000，進行探索性因素分析，請參閱表 3-9。探索性因素分析採用主軸因子配合斜交轉軸，特徵值以大於 1 為主。因素依題項與模式設計發展為「生態保育教育」與「宣傳金門」，因素負荷量均大於 0.68，累積總變異量為 72.21，請參閱表 3-10。兩個因素內部一致性係數信度 Cronbach's α 值均超過 0.7 的標準，表示問卷題項合乎本研究之用。

表 3-9　附屬價值 KMO 與 Bartlett 檢定摘要表

項目		數值
Kaiser-Meyer-Olkin 取樣適切性量數		0.75
Bartlett 球形檢定	近似卡方分配	972.89
	自由度	45
	顯著性	.000

表 3-10　附屬價值因素分析摘要表

因素	題項	因素負荷量	特徵值	變異量	累積變異量	內部一致性
生態保育教育	題項 28	0.85				
	題項 30	0.84				
	題項 27	0.82	4.70	47.02	47.02	0.90
	題項 29	0.81				
	題項 26	0.68				
宣傳金門	題項 32	0.83				
	題項 34	0.81				
	題項 35	0.78	2.51	25.19	72.21	0.89
	題項 31	0.77				
	題項 33	0.69				

第三節　模式的建構過程

一、設定模式的變數

（一）根據結構方程模式的變數，設定本研究模式的變數（吳明隆，2009b；邱皓政，2003；黃芳銘，2002）。變數分為潛在變數與觀察變數，潛在變數又區分為外生潛在變數與內生潛在變數，外生潛在變數以希臘字母 ξ 表示，內生潛在變數以希臘字母 η 表示。

（二）觀察變數指可觀察測量的變數，類似探索性因素分析的問項，觀察變數以英文字母 y 表示。

（三）結構方程模式當中還有誤差項，指估算變數時所產生的誤差，觀察變數的誤差項以希臘字母號 ε 表示，內生潛在變數的誤差項以希臘字母 ζ 表示。

二、符號說明

（一）橢圓形符號表示潛在變數，長方形符號表示觀察變數（吳明隆，2009b；邱皓政，2003；黃芳銘，2002）。

（二）箭頭表示變數之間的影響方向，潛在變數與觀察變數的路徑以希臘字母 λ 表示，外生潛在變數與內生潛在變數的路徑則是以希臘字母 γ 表示。

三、生態旅遊觀賞價值、周邊服務、附屬價值模式之建構

（一）本研究問卷題項根據信度分析與探索性因素分析，發展為七個因素與三十五個題項，這些因素與題項用來建構本研究的模式，請參表 3-6、3-8 與 3-10。因為根據結構方程模式的方式建構本研究的模式，僅建構尚未驗證而稱為假設模式。

（二）內生潛在變數有七項，其中 η1 至 η7 是表示對於觀察變數 y1-y35 的路徑設定，以 λ1 至 λ35 表示，ε1-ε35 表示觀察變數的誤差項。內生潛在變數 η1 至 η7 對於外生潛在變數 ξ1-3 的路徑設定，以 γ1 至 γ7 表示，ζ1 至 ζ7 表示內生潛在變數的誤差項，請參閱表 3-11 與圖 3-2。

（三）假設外生潛在變數「生態旅遊觀賞價值」對「周邊服務」與「附屬價值」具有顯著互相影響的關係。

（四）假設觀察變數對於內生潛在變數與外生潛在變數具有顯著的影響效果。

表 3-11　潛在變數與觀察變數摘要表

外生潛在變數	內生潛在變數	觀察變數
ξ1 生態旅遊觀賞價值	η1 旅遊行程規劃	y1.藉由網路知道金門鸕鶿季的活動而規劃行程 y2.聽親朋好友提過賞鸕鶿的生態旅遊而規劃行程 y3.因為親朋好友邀約而一起規劃此次行程 y4.透過旅行社安排旅遊行程的規劃 y5.旅行社行前說明讓我知道旅遊有那些景點

ξ1 生態旅遊觀 賞價值	η2 觀賞鸕鷀	y6.金門上空許多鸕鷀飛翔讓我留下深刻的印象 y7.喜歡觀賞鸕鷀各自成群在空中飛舞 y8.喜歡觀賞鸕鷀空中整齊排列的隊形 y9.棲息在樹林上的鸕鷀相當多而壯觀 y10.鸕鷀覓食捕魚動作熟練優雅
ξ1 生態旅遊觀 賞價值	η3 導覽與講解服 務	y11.導遊等服務人員導覽講解金門生態的發展 y12.導遊等服務人員說明鸕鷀的生活習性 y13.導遊等服務人員說明鸕鷀的成長過程 y14.導遊等服務人員說明飛行編隊的意義 y15.導遊等服務人員說明鸕鷀覓食的過程
ξ2 周邊服務	η4 交通接駁	y16.搭乘的交通工具遵守交通規則 y17.座位寬敞舒適 y18.接駁專車服務人員沿途景點與生態解說 y19.轉乘接駁交通車遵守時間的約定接送 y20.搭乘的交通工具外觀乾淨整潔
ξ2 周邊服務	η5 膳食住宿	y21.膳食安排準時不延誤 y22.旅途中提供飲水 y23.餐廳膳食服務快速 y24.住宿安排房間得宜沒有爭議 y25.住宿地點安靜適宜
ξ3 附屬價值	η6 生態保育教育	y26.主動留意生態解說告示牌 y27.到金門學習到鳥類觀賞的生態知識 y28.對金門人文史蹟的解說有印象 y29.與親朋好友討論生態的環境 y30.學習到不破壞保育生態的新觀念
ξ3 附屬價值	η7 宣傳金門	y31.知道金門生態的維護單位 y32.知道金門努力於生態保育工作 y33.知道金門鸕鷀季的鳥類保育特色 y34.記得金門著名景點的名稱 y35.感到此趟金門旅遊有學習到新事物

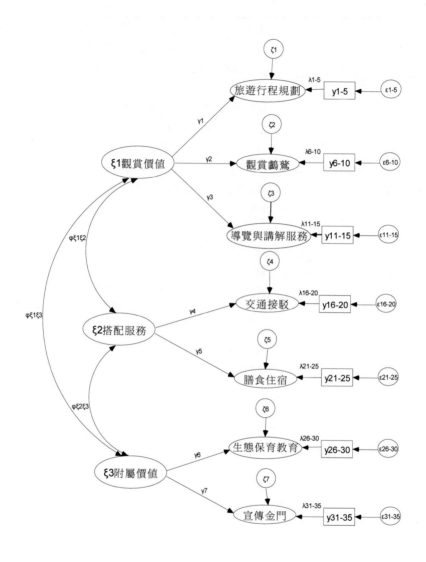

圖 3-2　生態旅遊觀賞價值、周邊服務與附屬價值假設模式圖

四、模式適配度數值說明

　　依據所設定模式進行適合度評估時，本研究以最大概似估計法（The Maximum Likelihood method, ML）進行模式分析，說明如下（吳明隆，2009b；邱皓政，2003；黃芳銘，2002；Kaplan, 2000）：

（一）絕對配適指標：

　　1. 卡方值（χ^2）：愈小愈好，p 值大於.05 為佳。

　　2. 結構模式配適度指數（Goodness of Fit Index，GFI）：介於 0 至 1 之間，愈接近 1 為佳。

　　3. 殘差均方根（Root Mean Square Residual，RMR）與平均近似誤差均方根（Root Mean Square Error of Approximation，RMSEA）：RMR 與 RMSEA 數值小於.05 為佳。

（二）相對配適指標：規範適合指標（Normed Fit Index，NFI）、比較配合指標（Comparative Fit Index，CFI）與漸增配合指標（Incremental Fit Index，IFI）之數值均是愈接近 1 為佳。

（三）簡效配適指標：簡效基準配合指標（Parsimony-adjusted NFI，PNFI）與簡效比較配合指標（Parsimony-adjusted CFI，PCFI）之數值均以大於 0.5 為佳，標準化卡方係數（Normed Chi-square Index，NCI）：卡方值除以自由度配適度指標 NCI 值小於 3 為佳。

（四）複核效度指標包括 Akaike 訊息標準指標（Akaike Information Criterion，AIC）與期望複核效度指標（Expected Cross Validation Index，ECVI）數值均是愈小愈好，是推算未來可能樣本預測分配，用以評估模式適當性。

第四節　研究對象、抽樣方法與樣本數

本研究以 2008 年金門鸕鶿季舉辦活動期間，觀賞鸕鶿最佳地點的金門地區之慈湖以及太湖的現場為抽樣地點，僅針對旅遊團體附有隨團講解導遊服務人員的現場觀賞鸕鶿之旅客為研究對象。樣本數訂為 400 人，是由於發放人力與回收時間等原因，且要符合結構方程模式的樣本數為 200～500 份（吳明隆，2009b；邱皓政，2003；黃芳銘，2002）。

第五節　資料收集與統計分析

本研究以 2009 年金門鸕鶿季舉辦活動期間，在 2008 年 12 月 1 日-20 日運用便利抽樣法，請四位研究助理在金門地區之慈湖以及太湖堤防，現場發放與回收，以及請導遊代為發放與收集的方式，再由研究助理取回的方式進行問卷的回收。總共發出 400 份，共回收有效 326 份，有效問卷回收率是 81.5%。

有效問卷之資料先以手工方式編碼，再輸入統計軟體 SPSS12.0，使用統計軟體說明如下：

（一）統計軟體 SPSS 12.0 分析人口統計變項的次數與百分比。

（二）統計軟體 AMOS 6.0 是可以運用結構方程模式進行分析，對於本研究所建構的模式加以分析其適配數值，也可以對變數的影響關係與影響效果進行分析。

第肆章　研究結果

第一節　人口統計變項

一、性別

男性遊客有 243 人，佔 74.5%。女性遊客有 83 人，佔 25.5%，以下請參閱表 3-2。

二、婚姻狀況

未婚有 78 人，佔 23.9%。已婚有 248 人，佔 76.1%。

三、年齡

20 歲（含）以下有 6 人，佔 1.8%。21～30 歲有 20 人，佔 6.1%。31～40 歲有 65 人，佔 19.9%。41～50 歲有 143 人，佔 43.9%。51 歲（含）以上有 92 人，佔 28.2%。

四、教育程度

高中職（含）以下有 71 人，佔 21.8%。大專院校有 235 人，佔 72.1%。研究所以上有 20 人，佔 6.1%。

五、職業

教育有 6 人，佔 1.8%。農業有 18 人，佔 5.5%。工業有 59 人，佔 18.1%。商業有 166 人，佔 50.9%。公務人員有 42 人，佔 12.9%。自由業有 13 人，佔 4.0%。其他（退休、待業、家管等）有 22 人，佔 6.7%。

六、個人月收入

30,000 元（含）以下有 64 人，佔 19.6%。30,001 元-50,000 元有 196 人，佔 60.1%。50,001 元-70,000 元有 40 人，佔 12.3%。70,001 元以上有 26 人，佔 8.0%。

七、居住地區

北部地區（基、北、桃、竹、苗）有 136 人，佔 41.7%。中部地區（中、彰、雲、嘉）有 106 人，佔 32.5%。南部地區（台南、高、屏）有 65 人，佔 19.9%。東部地區（宜、花、東）有 11 人，佔 3.4%。離島地區（澎湖、馬祖等）有 8 人，佔 2.5%。

八、造訪金門次數

2 次以下有 306 人，佔 93.9%。3～5 次有 19 人，佔 5.8%。6-8 次有 1 人，佔 0.3%。

九、知道生態旅遊的意義

不知道有 9 人，佔 5.8%。以前聽過但並不清楚有 20 人，佔 6.1%。觀賞金門鸕鶿與了解相關活動之後知道有 297 人，佔 91.1%。

表 4-1　人口統計變項摘要表

項目	變數	次數	百分比
（一）性別	男性	243	74.5
	女性	83	25.5
（二）婚姻狀況	未婚	78	23.9
	已婚	248	76.1
（三）年齡	20 歲（含）以下	6	1.8
	21-30 歲	20	6.1
	31-40 歲	65	19.9
	41-50 歲	143	43.9
	51 歲（含）以上	92	28.2

（四）教育程度	高中職（含）以下	71	21.8
	大專院校	235	72.1
	研究所以上	20	6.1
（五）職業	教育	6	1.8
	農業	18	5.5
	工業	59	18.1
	商業	166	50.9
	公務人員	42	12.9
	自由業	13	4.0
	其他（退休、待業、家管等）	22	6.7
（六）個人月收入	30,000 元（含）以下	64	19.6
	30,001 元-50,000 元	196	60.1
	50,001 元-70,000 元	40	12.3
	70,001 元以上	26	8.0
（七）居住地區	北部地區	136	41.7
	中部地區	106	32.5
	南部地區	65	19.9
	東部地區	11	3.4
	離島地區	8	2.5
（八）造訪金門次數	2 次以下	306	93.9
	3～5 次	19	5.8
	6～8 次	1	0.3
（九）知道生態旅遊的意義	不知道	9	2.8
	以前聽過但並不清楚	20	6.1
	觀賞金門鸕鶿與了解相關活動之後知道	297	91.1

第二節　假設模式驗證

一、假設模式驗證

依據所設定模式進行適配度評估，本研究以最大概似估計法（The Maximum Likelihood method, ML）進行模式分析，驗證分析顯示：

（一）絕對配適指標：

　　1. 卡方值（χ^2）為 2416.67。

　　2. p 值為.000。

　　3. 殘差均方根 RMR 為 0.092。

　　4. 平均近似誤差均方根 RMSEA 為 0.110。

　　5. 適合度指標 GFI 為 0.74。

（二）相對配適指標：

　　1. 漸增配合指標 IFI 為 0.77。

　　2. 比較配合指標 CFI 為 0.77。

　　3. 規範配合指標 NFI 為 0.73。

（三）簡效配適指標：

　　1. 標準化卡方係數 NCI 為 4.93。

　　2. 簡效基準配合指標 PNFI 為 0.68。

　　3. 簡效比較配合指標 PCFI 為 0.71。

（四）複核效度：

　　1. Akaike 訊息標準指標 AIC 為 2876.67。

　　2. 期望複核效度指標 ECVI 為 8.85。

（五）綜合整體實證配適度顯示，應當進行模式的修正，相關數據
　　請參閱表 4-2。

表 4-2　模式配適度指標量表

評估指標	建議要求標準	假設模式評估指標數值
（一）絕對配適指標：卡方值（χ2）	愈小愈好	2716.67
df（自由度）	依模式不同	550
p 值	＞.05	.000
殘差均方根 RMR	＜.05	.092
平均近似誤差均方根 RMSEA	＜.05	.110
適合度指標 GFI	＞0.9	0.74
（二）相對配適指標：漸增配合指標 IFI		0.77
比較配合指標 CFI	皆＞0.9	0.77
規範配合指標 NFI		0.73
（三）簡效配適指標：標準化卡方係數 NCI	＜3	4.93
簡效基準配合指標 PNFI	＞0.5	0.68
簡效比較配合指標 PCFI	＞0.5	0.71
（四）複核效度：Akaike 訊息標準指標 AIC	皆愈小愈好	2876.67
期望複核效度指標 ECVI		8.85

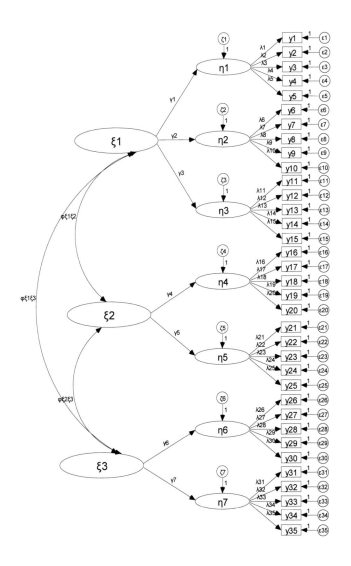

圖 4-1 假設模式圖

註：符號代表內容請參閱表 3-11 潛在變數與觀察變數摘要表

二、模式的修正

根據結構方程模式加以驗證本研究的假設模式，顯示必須修正，提高評估指數的方式當中，可以依據統計軟體 AMOS 的修正指數決定修正與否，根據所有修正指數的互相比較，將數值呈現較高正值的二個變數聯結，可以提高模式配適度（吳明隆，2009b；邱皓政，2003；黃芳銘，2002；Kaplan, 2000）。本研究根據上述 SEM 理論，刪除 y9、y13、y15、y17、y20、y26、y29、y31 等 8 個變數，聯結 ζ1 與 ε18、ζ6 與 ε18、ζ3 與 ε7、ζ3 與 ε8、ε7 與 ε8 等 5 項變數，修正之後的數值如下。

（一）絕對配適指標：

　1. 卡方值（χ2）為 638.19。

　2. p 值為.000。

　3. 殘差均方根 RMR 為.045。

　4. 平均近似誤差均方根 RMSEA 為.047。

　5. 適合度指標 GFI 為 0.88。

（二）相對配適指標：

　1. 漸增配合指標 IFI 為 0.95。

　2. 比較配合指標 CFI 為 0.95。

　3. 規範配合指標 NFI 為 0.91。

（三）簡效配適指標：

　1. 標準化卡方係數 NCI 為 2.06。

　2. 簡效基準配合指標 PNFI 為 0.80。

　3. 簡效比較配合指標 PCFI 為 0.84。

（四）複核效度：

　　1. Akaike 訊息標準指標 AIC 為 776.19。

　　2. 期望複核效度指標 ECVI 為 2.38。

（五）修正後之分析顯示修正的評估數值已經提高，綜合所有的配適度與建議數值進行比較，顯示本研究之模式建構效度良好，請參閱表 4-3 與圖 4-2 修正模式圖。

表 4-3　模式配適度指標量表

評估指標	建議要求標準	假設模式評估指標數值	修正模式評估指標數值
（一）絕對配適指標：卡方值（χ2）	愈小愈好	2716.67	638.19
df（自由度）	依模式不同	550	309
p 值	＞.05	.000	.000
殘差均方根 RMR	＜.05	.092	.045
平均近似誤差均方根 RMSEA	＜.05	.110	0.47
適合度指標 GFI	＞0.9	0.74	0.88
（二）相對配適指標：			
漸增配合指標 IFI		0.77	0.95
比較配合指標 CFI	皆＞0.9	0.77	0.95
規範配合指標 NFI		0.73	0.91
（三）簡效配適指標：			
標準化卡方係數 NCI	＜3	4.93	2.06
簡效基準配合指標 PNFI	＞0.5	0.68	0.80
簡效比較配合指標 PCFI	＞0.5	0.71	0.84
（四）複核效度：			
Akaike 訊息標準指標 AIC	皆愈小愈好	2876.67	776.19
期望複核效度指標 ECVI		8.85	2.38
（五）模式修正總共刪除 y9、y13、y15、y17、y20、y26、y29、y31，聯結 ζ1 與 ε18、ζ6 與 ε18、ζ3 與 ε7、ζ3 與 ε8、ε7 與 ε8 等 5 項變數。			

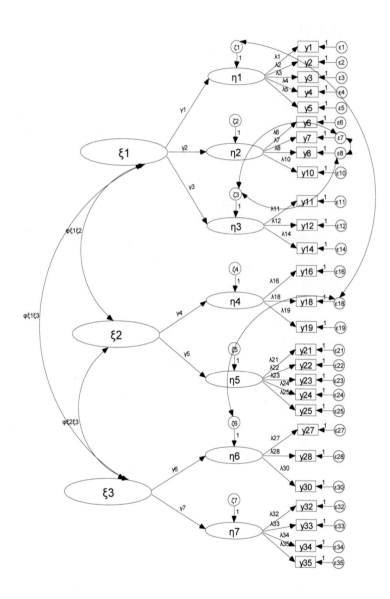

圖 4-2　模式修正圖

第三節 模式的影響關係

一、外生潛在變數之間的影響關係

（一）外生潛在變數 ξ_1 生態旅遊觀賞價值與 ξ_2 周邊服務之間的影響關係達顯著水準，相關係數為 0.90。

（二）外生潛在變數 ξ_1 生態旅遊觀賞價值與 ξ_3 附屬價值之間的影響關係達顯著水準，相關係數為 0.71。

（三）外生潛在變數 ξ_2 周邊服務與 ξ_3 附屬價值之間的影響關係達顯著水準，相關係數為 0.76。

二、變數之間的影響關係

（一）旅遊行程規劃誤差項（ζ_1）與接駁專車服務人員沿途景點與生態解說誤差項（ε_{18}）之間的影響關係達顯著水準，相關係數為 0.29。

（二）導覽與講解服務誤差項（ζ_3）與喜歡觀賞鷗鷺各自成群在空中飛舞誤差項（ε_7）之間的影響關係達顯著水準，相關係數為 0.38。

（三）導覽與講解服務誤差項（ζ_3）與喜歡觀賞鷗鷺空中整齊排列的隊形誤差項（ε_8）之間的影響關係達顯著水準，相關係數為 0.25。

（四）生態保育教育誤差項（ζ6）與接駁專車服務人員沿途景點與
　　生態解說誤差項（ε18）之間的影響關係達顯著水準，相關
　　係數為 0.30。

（五）喜歡觀賞鸕鶿各自成群在空中飛舞誤差項（ε7）與喜歡觀賞
　　鸕鶿空中整齊排列的隊形誤差項（ε8）之間的影響關係達顯
　　著水準，相關係數為 0.94。

表 4-4　模式的影響關係

影響方向	估計係數	標準誤	決斷值	p 值	相關係數
ξ1↔ξ2	0.22	0.02	12.68	.000	0.90*
ξ1↔ξ3	0.15	0.03	5.66	.000	0.71*
ξ2↔ξ3	0.16	0.03	5.63	.000	0.76*
ζ1↔ε18	0.05	0.02	3.05	.002	0.29*
ζ3↔ε7	0.05	0.01	4.42	.000	0.38*
ζ3↔ε8	0.12	0.02	5.97	.000	0.25*
ζ6↔ε18	0.09	0.02	3.61	.000	0.30*
ε7↔ε8	0.43	0.04	12.29	.000	0.94*

第四節　模式的影響效果

一、ξ1 生態旅遊觀賞價值與 η1 旅遊行程規劃之間的影響效果為
　　0.91。

二、ξ1 生態旅遊觀賞價值與 η2 觀賞鸕鶿之間的影響效果為 0.66。

三、ξ1 生態旅遊觀賞價值與 η3 導覽與講解服務之間的影響效果為 0.86。

四、ξ2 周邊服務與 η4 交通接駁之間的影響效果為 0.62。

五、ξ2 周邊服務與 η5 膳食住宿之間的影響效果為 0.91。

六、ξ3 附屬價值與 η6 生態保育教育之間的影響效果為 0.69。

七、ξ3 附屬價值與 η7 宣傳金門之間的影響效果為 0.75。

八、η1 旅遊行程規劃與 y1-y5 有影響關係，以 η1 旅遊行程規劃與 y2 聽親朋好友提過賞鸕鷀的生態旅遊而規劃行程之間的影響效果最高，係數為 0.75。

九、η2 觀賞鸕鷀與 y6、y7、y8 與 y10 有影響關係，以 η2 觀賞鸕鷀與 y6 金門上空許多鸕鷀飛翔讓我留下深刻的印象之間的影響效果最高，係數為 0.97。

十、η3 導覽與講解服務與 y11、y12、y14 有直接影響關係，以 η3 導覽與講解服務與 y14 導遊等服務人員說明飛行編隊的意義之間的直接影響效果最高，係數為 0.92。

十一、η4 交通接駁與 y16、y18、y19 有直接影響關係，以 η4 交通接駁與 y16 搭乘的交通工具遵守交通規則之間的直接影響效果最高，係數為 0.98。

十二、η5 膳食住宿與 y21-y25 有直接影響關係，以 η5 膳食住宿與 y23 餐廳膳食服務快速之間的直接影響效果最高，係數為 0.81。

十三、η6 生態保育教育與 y27、y28、y30 有直接影響關係，以 η6 生態保育教育與 y30 學習到不破壞保育生態的新觀念之間的直接影響效果最高，係數為 0.70。

十四、η7 宣傳金門與 y32、y33、y34、y35 有影響關係，以 η7 宣
　　　傳金門與 y34 記得金門著名景點的名稱之間的影響效果最
　　　高，係數為 0.93。

表 4-5　模式之變數影響效果摘要表

變數	ξ1	ξ2	ξ3	η1	η2	η3	η4	η5	η6	η7
η1	0.91									
η2	0.66									
η3	0.86									
η4		0.62								
η5		0.91								
η6			0.69							
η7			0.75							
y1	0.63			0.69						
y2	0.69			0.75						
y3	0.66			0.73						
y4	0.61			0.67						
y5	0.64			0.70						
y6	0.66				0.97					
y7	0.46				0.70					
y8	0.45				0.68					
y10	0.64				0.95					
y11	0.58					0.67				
y12	0.54					0.63				
y14	0.69					0.79				
y16		0.61					0.98			
y18		0.38					0.62			
y19		0.57					0.92			
y21		0.64						0.71		
y22		0.72						0.79		

y23	0.73	0.81	
y24	0.70	0.77	
y25	0.68	0.75	
y27	0.46	0.65	
y28	0.45	0.65	
y30	0.49	0.70	
y32	0.64		0.86
y33	0.61		0.82
y34	0.69		0.93
y35	0.64		0.85

表 4-6　題項與模式圖對照表

變數	因素	題項
生態旅遊 觀賞價值	旅遊行程規劃	1.藉由網路知道金門鸕鷀季的活動而規劃行程 2.聽親朋好友提過賞鸕鷀的生態旅遊而規劃行程 3.因為親朋好友邀約而一起規劃此次行程 4.透過旅行社安排旅遊行程的規劃 5.旅行社行前說明讓我知道旅遊有那些景點
	觀賞鸕鷀	6.金門上空許多鸕鷀飛翔讓我留下深刻的印象 7.喜歡觀賞鸕鷀各自成群在空中飛舞 8.喜歡觀賞鸕鷀空中整齊排列的隊形 9.棲息在樹林上的鸕鷀相當多而壯觀（刪除） 10.鸕鷀覓食捕魚動作熟練優雅
	導覽與講解服務	11.導遊等服務人員導覽講解金門生態的發展 12.導遊等服務人員說明鸕鷀的生活習性 13.導遊等服務人員說明鸕鷀的成長過程（刪除） 14.導遊等服務人員說明飛行編隊的意義 15.導遊等服務人員說明鸕鷀覓食的過程（刪除）
周邊服務	交通接駁	16.搭乘的交通工具遵守交通規則 17.座位寬敞舒適（刪除） 18.接駁專車服務人員沿途景點與生態解說

		19.轉乘接駁交通車遵守時間的約定接送
		20.搭乘的交通工具外觀乾淨整潔（刪除）
	膳食住宿	21.膳食安排準時不延誤
		22.旅途中提供飲水
		23.餐廳膳食服務快速
		24.住宿安排房間得宜沒有爭議
		25.住宿地點安靜適宜
附屬價值	生態保育教育	26.主動留意生態解說告示牌（刪除）
		27.到金門學習到鳥類觀賞的生態知識
		28.對金門人文史蹟的解說有印象
		29.與親朋好友討論生態的環境（刪除）
		30.學習到不破壞保育生態的新觀念
	宣傳金門	31.知道金門生態的維護單位（刪除）
		32.知道金門努力於生態保育工作
		33.知道金門鸕鶿季的鳥類保育特色
		34.記得金門著名景點的名稱
		35.感到此趟金門旅遊有學習到新事物

第伍章　討論與建議

第一節　討論

一、人口統計變項

　　男性、已婚、年齡在 41～50 歲、大專院校教育程度之遊客居大多數。以商業、個人月收入在 30,001 元～50,000 元、居住地區在北部地區居多數。造訪金門次數以 2 次以下最多，觀賞金門鸕鷀與了解相關活動之後知道生態保育意義的遊客居多數。2008 年金門鸕鷀季旅客人口統計變項可以了解，大多數的遊客以已婚男性為主，當然年齡層的分佈則是落在 41～50 歲，大專院校的學歷在目前是相當普遍的，而來自台北的遊客居多，商業以及薪資在30,001 元～50,000 元之間，一般而言，造訪金門的次數大多是低於 2 次以下，對於本研究的主題有關生態保育教育而言，大部分的遊客在參加過金門鸕鷀季的活動之後，也大都知道自然景觀生態保育的重要性。

二、模式驗證

　　依據所設定模式進行適配度評估，綜合整體實證配適度，大部分的數值皆不符合建議的適配度數值，應當進行模式的修正。刪除

y9、y13、y15、y17、y20、y26、y29、y31 等 8 個變數，連結 ζ1 與 ε18、ζ6 與 ε18、ζ3 與 ε7、ζ3 與 ε8、ε7 與 ε8 等 5 項變數，修正之後評估數值已經提高，綜合比較所有配適度與建議數值，顯示本研究之模式建構效度良好。根據結構方程模式提高評估指數的方式當中，可以運用刪除變數或是連結變數的方式增加配適度的指標，而本研究依據統計軟體 AMOS 當中所提供的修正指數來決定修正與否，根據所有修正指數的互相比較，將數值呈現較高數值的二個變數聯結，可以提高模式配適度（吳明隆，2009b；邱皓政，2003；黃芳銘，2002；Kaplan, 2000）。因此，本研究採用刪除變數的方式，配合變數連接的方法，提高模式的適配度，以符合模式的建構要求之標準。

三、模式的影響關係

外生潛在變數 ξ1 生態旅遊觀賞價值、ξ2 周邊服務與 ξ3 附屬價值之間的影響關係均達到顯著水準，以 ξ1 生態旅遊觀賞價值與 ξ2 周邊服務之間的影響關係數值最高。本研究建構生態旅遊觀賞價值、周邊服務與附屬價值模式，並探討模式變數之間的影響關係，生態旅遊觀賞價值一定要配合其他有關交通住宿與膳食住宿等周邊的服務才能安頓遊客交通與食物居住的問題，而對於金門鸕鷀季的生態旅遊當中，在觀賞鸕鷀與聽導遊的講解當中，對於旅遊附屬的娛樂、觀賞、觀光、知識吸收等附屬價值當中，藉由金門鸕鷀等生態保育，而讓遊客吸收到生態的知識（李琮閎，2004），也讓遊客知道金門鸕鷀季的活動，以及金門的相關景點等介紹，在旅遊行

程當中，將金門的生態保育、人文景觀與戰地等文化與景點，都藉由旅遊中讓遊客知道金門生態保育與文化的美。

　　變數之間的影響關係當中，$\zeta1$ 與 $\varepsilon18$、$\zeta6$ 與 $\varepsilon18$、$\zeta3$ 與 $\varepsilon7$、$\zeta3$ 與 $\varepsilon8$、$\varepsilon7$ 與 $\varepsilon8$ 等 5 項變數的影響關係均達顯著水準，僅 $\varepsilon7$ 與 $\varepsilon8$ 的影響關係最密切，其他變數間影響關係數值 0.25-0.38 之間。

（一）旅遊行程規劃誤差項（$\zeta1$）與接駁專車服務人員沿途景點與生態解說誤差項（$\varepsilon18$）之間的影響關係達顯著水準（0.29），誤差項是因為變數無法涵蓋的所有的意義，旅遊行程規劃是因為旅行社的規劃，除非有些團體式自行組團觀賞金門鸕鶿或是候鳥的生態，有些地方也許想去，但是卻沒有足夠的時間安排進去自己的理想行程當中，在交通專車服務人員的解說方面，或許有關景點的說明不夠清晰，或是旅客想要睡覺，對於金門鸕鶿生態的介紹或是生態旅遊沒有想像中的詳細或是有趣，而且旅客行程安排當中，或許有些景點期望導遊服務人員能夠講解卻不夠詳盡（林燈燦，2003；黃淑君、林慧娟、郭家汝，2003；Flognfeldt, 1992），在規劃行程當中需要講解說明有其相關性。

（二）導覽與講解服務誤差項（$\zeta3$）與喜歡觀賞鸕鶿各自成群在空中飛舞誤差項（$\varepsilon7$）之間的影響關係達顯著水準（0.38），以及導覽與講解服務誤差項（$\zeta3$）與喜歡觀賞鸕鶿空中整齊排列的隊形誤差項（$\varepsilon8$）之間的影響關係達顯著水準（0.25），對於金門鸕鶿季的重點就是觀賞鸕鶿以及其他候鳥的生態，但是對於非專業的賞鳥人士而言，雖然看到許多的鸕鶿成群而且排列整齊的在空中飛舞，可是對於遊客而言，他們也需要相關的解說，以了解鸕鶿的飛行以及習性，

或許解說人員因為遊客散落各地觀賞鸕鶿，而無法對所有的人員進行鸕鶿習性的解說，但是講解說明相關的習性與生活型態，遊客能夠更了解而更有樂趣的觀賞鸕鶿（丁宗蘇，2007；台灣國家公園，2008；吳忠宏，2007；陳君圻，2008），因而其間含有影響的關係。

（三）生態保育教育誤差項（ζ6）與接駁專車服務人員沿途景點與生態解說誤差項（ε18）之間的影響關係達顯著水準（0.30），這是有關於解說方面的關係，顯示遊客對於生態方面以及服務人員解說方面，但是這其中可能有些無法涵蓋的或是有些生態保育方面的解說意義，可能是對於生態解說方面一再的重複解說，或是有可能對於解說的重點不是那麼的細膩，有可能遊客想要知道那個地點可以買到相關的生態保育紀念品等訊息（林燈燦，2003；金門鸕鶿季，2009h，2009i，2009j，2009k；容繼業，2004；楊明賢，2006），顯示生態保育解說方面的關係。

（四）喜歡觀賞鸕鶿各自成群在空中飛舞誤差項（ε7）與喜歡觀賞鸕鶿空中整齊排列的隊形誤差項（ε8）之間的影響關係達顯著水準（0.94），此項研究結果的影響關係相當密切，因為題項都是有關於鸕鶿的觀賞，對於鸕鶿在空中飛舞的景象是整個金門鸕鶿季的重點，無論是鸕鶿離巢時的飛行，鸕鶿空中的整理隊形，以及之後呈現整齊的隊形，都是鸕鶿生態的最佳光賞景觀，影響關係誤差項可能顯示觀賞時的態度，觀賞時的心態，或是觀賞時的時間與地點等不同的意見（丁宗蘇，2007；金門國家公園，2006，2008，2009；金門縣政府，

2003，2004，2005，2006，2008，2009a，2009b），顯示此
二個題項之間的影響關係。

四、模式的影響效果

（一）ξ1 生態旅遊觀賞價值與 η1 旅遊行程規劃與 η3 導覽與講解
　　　服務之間的影響效果較高，遊客參加金門鸕鶿季的活動，除
　　　了享受旅遊的樂趣之外，還要能夠與親朋好友安排順利的行
　　　程，也期望在旅遊行程當中，獲得一些旅遊的新知識，而且
　　　旅遊除了能夠與自己熟悉的親朋好友共同體驗之外，也希望
　　　在行程的規劃能夠順利，並從金門鸕鶿季的生態活動當中，
　　　獲得許多對於永續與生態保育的理念（何幸蓉，2005；林鈴
　　　娟，2004；陳炳輝，2002；張清波，2006），本研究呈現此
　　　三項變數之間的影響最高。

（二）ξ2 周邊服務與 η5 膳食住宿之間的影響效果最高，旅遊活
　　　動一定是主體的活動之外，還要搭配相關的服務，諸如交
　　　通的運送或是住宿與膳食等服務，才能夠呈現完整的服務
　　　系統。對於金門鸕鶿季的活動而言，主要的活動雖然是觀
　　　賞鸕鶿，但是遊客需要食物填飽肚子也需要休息住宿等服
　　　務，研究結果顯示出膳食住宿對於周邊的服務之間的效果
　　　相當密切，是推動旅遊活動必須要注重的事項。

（三）ξ3 附屬價值與 η7 宣傳金門之間的影響效果最高，舉凡旅遊
　　　活動的推動與訴求，會有所謂的主體活動與周邊的活動，而
　　　且還會在活動當中，產生一些附屬的價值。對於金門鸕鶿季
　　　的活動而言，遊客就是必須搭乘飛機等交通工具到金門實地

觀賞，金門這個地區就變成鸕鶿觀賞之外的重要地點，因此所有的金門土產、金門高粱酒、金門菜刀、或是金門的坑道與景點，都是有關金門，也因此呈現金門這個地方對於遊客潛意識中的宣傳，在金門鸕鶿季的活動當中，也將金門的候鳥等旅遊活動灌輸給遊客知曉，也達到宣傳金門的目的（丁宗蘇，2007；台灣國家公園，2008；金門國家公園，2009；金門鸕鶿季，2009a，2009b）。

（四）$\eta 1$ 旅遊行程規劃與 y2 聽親朋好友提過賞鸕鶿的生態旅遊而規劃行程之間的影響效果最高，對於旅遊活動的訊息，除了電視、電子、網路、報章雜誌等刊載報導之外，還有一個影響的要素就是自己所認識的人告知或是他們的親身經歷，也由此可以發現，金門縣政府與國家公園從 2003 年開始推動多年的金門鸕鶿季活動，多多少少也對於之後造訪金門遊客的影響，因為民眾也藉由題項的回答當中呈現親朋好友提過才規劃此項行程，因此顯示訊息收集與行程決定當中，自己熟悉的親朋好友也是對於旅遊行程規劃當中相當重要的一環。

（五）$\eta 2$ 觀賞鸕鶿與 y6 金門上空許多鸕鶿飛翔讓我留下深刻的印象之間的影響效果最高，對於金門鸕鶿季的活動，觀賞鸕鶿是吸引遊客相當重要的一個因素，成千上萬的鸕鶿在天空當中飛舞，起飛的當下時而雜亂，有些群體的鸕鶿卻已經整齊列隊飛翔在空中，旁邊海浪衝擊的沙灘，或是悠閒的堤防輝映遠遠的太武山，加上時而朵朵白雲或是透徹的天空，整個景色就像一幅圖畫，遊客就是置身於圖畫當中，這也是觀賞金門鸕鶿季活動的特點（金門縣政府，

2003，2004，2005，2006，2008；金門鸕鷀季，2009a，2009b），
相當多鸕鷀以及美景的搭配，讓民眾留下美好的回憶。

（六）η3 導覽與講解服務與 y14 導遊等服務人員說明飛行編隊的
意義之間的影響效果最高，對於金門生態旅遊以及鸕鷀季
活動當中所蘊含的意義，相關的故事以及許多知識，必須
透過導覽觀賞以及講解說明，才能對金門鸕鷀季的活動能
夠更加認識。而本研究結果顯示除了旅遊當中的導覽講解
之外，遊客也需要服務人員對於鸕鷀飛行編隊等生活相關
習性的講解，讓到訪金門的遊客吸收到新的知識（吳忠宏，
2007；金門縣政府，2008；金門鸕鷀季，2009a，2009b，
2009c，2009d），也透過觀賞鸕鷀的活動，回到自己家中或
是工作崗位，能夠對自己認識的親朋好友提起，或是透過
網路部落格書寫文章與旅遊活動等方式，將這些所得到的
快樂分享。

（七）η4 交通接駁與 y16 搭乘的交通工具遵守交通規則之間的影
響效果最高，出門旅遊交通安全是每個人都注意並嚴格要求
的細節，在本研究當中可以發現，參加金門鸕鷀季活動的遊
客也從問卷的填答當中，透露出此種訊息，因為交通接駁的
變數當中，民眾最在意的不是很快就抵達觀賞的景點，而是
對於所搭乘交通車遵守交通安全，以求平安抵達的要求（金
門鸕鷀季，2009m；陳君圻，2008；Flognfeldt, 1992, 1999），
這二個變數的影響效果當中，顯示出交通接駁工具遵守交通
規則與安全的注重，是未來相關單位舉辦活動時所應該要注
意的要點。

（八）η5 膳食住宿與 y23 餐廳膳食服務快速之間的影響效果最高，遊客參加旅遊活動當中，由於走走停停加上觀賞活動，體力的消耗也比較快，通常也需要食物或是飲水的補充，本研究指出旅客膳食服務當中，他們在意的是餐廳要能夠再最短的時間內準備妥當，以提供膳食的服務，這也顯示出我們習俗當中，「民以食為天」的注重程度。對於曾經出外旅遊的遊客都應該有的經驗就是逛景點累了餓了，到了用餐時間也就定位之後，期望餐廳的上菜服務能夠迅速，而非像喜筵的慢慢送上各式各樣的菜色，或是送上各道菜的間隔時間過久，影響眾人分食的樂趣，因此也顯示膳食與迅速服務的必要性。

（九）η6 生態保育教育與 y30 學習到不破壞保育生態的新觀念之間的影響效果最高，目前保護地球的方式是減少排放廢氣，減緩地球的暖化現象，對於自然生態的保育以及復育的做法也有許多種，當然包括不去開發自然生態不干擾野生動植物的作息，休耕禁止開採或護育等方式。而金門鸕鶿季的活動因為自然生態以及候鳥過冬棲息的生活習性等自然生態配合金門的生態與美景，藉由整個活動當中，遊客不斷的接受到自然保育的知識與觀念（丁宗蘇，2007；台灣國家公園，2008；交通部觀光局，2002；金門鸕鶿季，2009b；陳炳輝，2002；張清波，2006），也在潛移默化當中，讓遊客學習到尊重大自然而不去破壞原始的美景。

（十）η7 宣傳金門與 y34 記得金門著名景點的名稱之間的影響效果最高，其實從金門鸕鶿季的活動當中，就可以發現所有的景點與生態旅遊都離不開金門這個地區，加上金門縣位於國

家公園之內，許多人文景點的遺址，當時古寧頭大戰以及八二三砲戰的戰地文化，加上早期金門民眾飄洋過海，遠渡重洋到南洋、菲律賓、印尼、馬來西亞等地區去討生活的經過，以及之後功成名就歸鄉所蓋的樓房，即現在的僑鄉文化等建築，自然野生景點與候鳥棲息地，皆是與金門有關（丁宗蘇，2007；台灣國家公園，2008；李琮閔，2004；金門國家公園，2008，2009；金門縣政府，2008；金門鸕鷀季，2009a，2009i，2009j，2009k，2009l，2009m；林鈴娟，2004），也就自然而然的會想到金門這個地區，因此也藉由金門鸕鷀季活動，間接達到宣傳金門的附加價值。

第二節　建議

一、對於參加金門鸕鷀季的推廣

　　未來可以朝向尚未開發的人口族群進行宣傳，例如開發金門鸕鷀季旅遊的未婚女性，或是設定不同的旅遊方式，年齡層設定在 40 歲以下，居住地區在中部與南部地區的民眾為主。除了運用原有的活動維持觀賞的民眾之外，還可以針對不同族群開發新客戶。

二、模式建構與驗證的建議

本研究的模式雖然經過探索性因素分析以建構模式,但是可以發現第一次的整體實證配適度,大部分的數值皆不符合建議數值,還是需要進行模式的修正。建議在探索性因素分析的時候,盡量保持因素負荷量較高的題項,這樣整體配適度的數值會比較高,較容易符合模式建構所需。當然模式還是可以配合刪除題項的方式或是連接變數的方式,但是還是需要研究者觀察所連接的二個變數之間是否具有可以解釋的關係,才不會因為單純提高模式的適配度數值而失去連接變數的意義。

三、印製鸕鷀活動之導覽與提供詳盡的講解服務

由於活動的主體以觀賞鸕鷀為主,無論是縣政府所委託的旅行社或是金門國家公園管理處所隸屬的相關觀光景點的導覽與解說服務,均要能夠準備充分,以提供最佳的服務。尤其是遊客觀賞鸕鷀的時候,建議要在觀賞之前作好行前的解說,將鸕鷀的生態介紹給遊客,或是印製各種鸕鷀的圖解與生態習性,讓遊客在觀賞時能夠攜帶對照,之後也可以帶回家展示或是當成回憶的一部分。

四、交通接駁安全第一

　　對於金門地區的交通方面，往來台灣本島與金門離島以航空飛機運輸居多，而島內旅行團的交通則以遊覽巴士居多。雖然島內車輛行車速度緩慢，但是還是要注重安全，建議遊覽車接駁服務時，讓遊客上車的地點要好好的選擇，因為遊客也藉由問卷顯示他們注重安全的訴求，除了尋找空曠不違規的地點讓遊客上車之外，相關單位還要檢測司機是否喝酒，精神狀況是否良好，為遊客的交通接駁安全把關。

五、膳食衛生服務之注重

　　出門旅行最注重的項目之一是包括飲食的部分，金門鸕鶿季舉辦的相關單位更是應該在飲食服務加強把關，建議制定一套作業標準流程，食物存放多久的時間可能腐壞就不要提供給遊客食用，更建議檢測廚房、廁所、餐廳、以及各角落的衛生情況，讓遊客在飲食方面可以吃的安心，有機會再次拜訪金門。

六、加強宣導生態保育教育的重要性

　　許多旅遊知識都是一點一滴的累積，而生態保育的觀念也需要不斷的宣導以及告知遊客，才能讓遊客知道自然生態的平衡與保育的重要性。建議金門鸕鶿季活動的相關單位，除了印製宣傳單之外，還可以舉辦有獎徵答，生態保育手冊或是可以蓋章的護照，保

育類動物的精良茶杯當作紀念品或是有獎徵答的禮品，運用各種獎勵的方式，加強宣導生態保育的重要性與無可取代性。

七、生態旅遊觀賞價值、周邊服務與附屬價值相輔相成

生態旅遊的方式逐漸受到相關單位的重視與遊客的歡迎，其觀賞價值就在於生態保育與環境保護，或是已瀕臨滅種或是少見的野生動植物，通常這些地點大都是人煙稀少或是交通不方便的地方居多，相對的要能夠具備旅遊的觀賞價值，就要其他周邊的服務互相配合。建議整體生態旅遊觀賞的活動，應該事前規劃並搭配衛生的膳食以及乾淨的住宿環境，也藉由旅遊活動將當地的特色以及景點加以介紹，也可以推動當地的觀光以達到周邊與景點附屬的價值。

八、後續研究之建議

本研究探討金門鸕鷀季的生態旅遊觀賞價值、周邊服務與附屬價值之間的關係，後續研究可以針對不同的地點進行相關議題的研究，也可以針對不同地點的生態旅遊觀賞價值、周邊服務與附屬價值之間的比較，或是對於生態旅遊觀賞價值、周邊服務與附屬價值相關議題加以再開發新的變數加以討論與分析，將生態保育相關議題能夠讓更多的民眾知道並且實際去遵行。

參考文獻

一、中文部分

丁宗蘇（2007）。到金門看鸕鷀。《台灣國家公園》。1月號。

王麗娟、謝文豐（2003）。《生態保育》。台北市：揚智文化事業股份有限公司。

台灣國家公園（2008）。《2008金門采風——古厝、鸕鷀》。（2009年7月22日）。資料引自 http://np.cpami.gov.tw/images/stories/news/20081006_kmnp_01.doc

交通部觀光局（2002）。《研擬生態旅遊地、生態旅遊業者之評鑑機制》。台北市：交通部觀光局。

呂適仲（2000）。《雪霸國家公園武陵遊憩區發展生態旅遊之遊憩資源效益評估》。未出版之碩士論文，台中市，東海大學景觀學研究所。

李琮閔（2004）。《金門地區居民對傳統聚落文化之不同態度間相關研究》。未出版之碩士論文，彰化縣，大葉大學休閒事業管理研究所。

李麗梅、保繼剛（2000）。大學生旅遊行為研究——以中山大學為例。《桂林旅遊高等專科學校學報》，11（4）。

何幸蓉（2005）。《可接受改變限度（LAC）方法之應用——台灣永續性鯨豚生態旅遊管理對策之研擬》。未出版之碩士論文，台北市，國立台北大學自然資源與環境管理研究所。

宋秉明（1995）。《台灣地區生態觀光的發展在國際上的角色》。1996永續發展觀光研討會論文集，13-24頁，台北市。

吳忠宏（1999）。解說專業之建立。《台灣林業》，25（6）。

吳忠宏（2007）。休閒遊憩解說服務，載歐聖榮（主編）。《休閒遊憩：理論與實務》，254-282頁。台北市：前程文化事業有限公司。

吳忠宏、黃文雄、李介祿、李雅鳳（2007）。旅遊動機、滿意度與忠誠度之模式建構與驗證——以宜蘭賞鯨活動為例。《觀光研究學報》，13（4）。

吳明隆（2009a）。《SPSS 操作與應用——問卷統計分析實務》。台北：五南。

吳明隆（2009b）。《結構方程模式——方法與實務應用》。台北：麗文。

杜慧音（2002）。《生態旅遊遊程設計之研究——以金瓜石地區為例》。未出版之碩士論文，台北市，國立台灣大學地理環境資源研究所。

林鈴娟（2004）。《風景區生態旅遊發展策略之研究——以台中市大坑風景區為例》。未出版之碩士論文，台中縣，朝陽科技大學休閒事業管理研究所。

林晏州、Peterson, G. L.、林寶秀、Champ, P. A.（2007）。遊客與居民對太魯閣國家公園資源保育願付費用之影響因素分析與比較。《觀光研究學報》，13（4）。

林燈燦（2003）。《導覽解說理論與實務》。台北市：五南圖書出版有限公司。

金門國家公園（2006）。《2006 金門鸕鷀季》。（2009 年 7 月 9 日）。資料引自 http://a310006.travel-web.com.tw/Show/Style5/News/c1_News.asp?SItemId=0271030&ProgramNo=A310006000001&SubjectNo=35775。

金門國家公園（2008）。《2008 金門采風——古厝‧鸕鷀》。（2009 年 7 月 10 日）。資料引自 http://www.kmnp.gov.tw/ct/index.php?option=com_content&view=article&id=468&Itemid=6。

金門國家公園（2009）。《主題旅遊》。（2009 年 8 月 01 日）。資料引自 http://www.kmnp.gov.tw/ct/index.php?option=com_eftour&view=mtour&catid=5&Itemid=98#fontsize。

金門縣政府（2003）。《2003 金門鸕鶿季活動》。（2009 年 7 月 11
　　日）。資料引自 http://www.kinmen.gov.tw/Layout/main_ch/News_
　　NewsContent.aspx?NewsID=18362&frame=17。

金門縣政府（2004）。《2004 金門鸕鶿季旅遊活動》。（2009 年 7 月
　　11 日）。資料引自 http://www.kinmen.gov.tw/Layout/main_ch/News_
　　NewsContent.aspx?NewsID=25937&frame=17。

金門縣政府（2005）。《2005 金門鸕鶿季旅遊活動》。（2009 年 7 月
　　11 日）。資料引自 http://www.kinmen.gov.tw/Layout/main_ch/News_
　　NewsContent.aspx?NewsID=31821&frame=17。

金門縣政府（2006）。《2006 金門鸕鶿季旅遊活動》。（2009 年 7 月
　　11 日）。資料引自 http://www.kinmen.gov.tw/Layout/main_ch/News_
　　NewsContent.aspx?NewsID=40424&frame=17。

金門縣政府（2008）。《2008 金門鸕鶿季旅遊活動》。（2009 年 7 月
　　11 日）。資料引自 http://www.kinmen.gov.tw/Layout/main_ch/News_
　　NewsContent.aspx?NewsID=55315&frame=17。

金門鸕鶿季（2009a）。《鸕鶿簡介》。（2009 年 7 月 9 日）。資料引
　　自 http://travel.kinmen.gov.tw/s0.asp。

金門鸕鶿季（2009b）。《活動資訊》。（2009 年 7 月 9 日）。資料
　　引自 http://travel.kinmen.gov.tw/a2.asp。

金門鸕鶿季（2009c）。《旅遊資訊》。（2009 年 7 月 16 日）。資料
　　引自 http://travel.kinmen.gov.tw/a4.asp。

金門鸕鶿季（2009d）。《種類介紹》。（2009 年 7 月 18 日）。資料
　　引自 http://travel.kinmen.gov.tw/about_cormarant_1.html。

金門鸕鶿季（2009e）。《種類介紹》。（2009 年 7 月 18 日）。資料
　　引自 http://travel.kinmen.gov.tw/about_cormarant_2.html。

金門鸕鶿季（2009f）。《種類介紹》。（2009 年 7 月 18 日）。資料
　　引自 http://travel.kinmen.gov.tw/about_cormarant_3.html。

金門鸕鶿季（2009g）。《種類介紹》。（2009 年 7 月 18 日）。資料
　　引自 http://travel.kinmen.gov.tw/about_cormarant_4.html。

金門鸕鷀季（2009h）。《種類介紹》。（2009 年 7 月 18 日）。資料
　　引自 http://travel.kinmen.gov.tw/about_cormarant_5.html。

金門鸕鷀季（2009i）。《鸕鷀棲息地》。（2009 年 7 月 18 日）。資
　　料引自 http://travel.kinmen.gov.tw/s3.asp。

金門鸕鷀季（2009j）。《特色旅遊》。（2009 年 7 月 18 日）。資料
　　引自 http://travel.kinmen.gov.tw/a5_2.asp。

金門鸕鷀季（2009k）。《旅遊資訊》。（2009 年 7 月 26 日）。資料
　　引自 http://travel.kinmen.gov.tw/a4_2.asp#03。

金門鸕鷀季（2009l）。《旅遊資訊》。（2009 年 7 月 27 日）。資料
　　引自 http://travel.kinmen.gov.tw/a4_2.asp#01。

金門鸕鷀季（2009m）。《旅遊資訊》。（2009 年 7 月 28 日）。資料
　　引自 http://travel.kinmen.gov.tw/a4_3.asp#01。

邱皓政（2003）。《結構方程模式——LISREL 的理論、技術與應用》。
　　台北：雙葉。

邱皓政（2009）。《量化研究與統計分析》。台北：五南。

侯錦雄、郭彰仁（2003）。關渡、高美、七股溼地生態旅遊動機與旅
　　遊特性之比較。《觀光研究學報》，9（1）。

容繼業（2004）。《旅行業理論與實務》。台北市：揚智文化事業股
　　份有限公司。

陳炳輝（2002）。《遊客環境態度對生態旅遊影響之研究——以大雪
　　山森林遊樂區為例》。未出版之碩士論文，台中縣，朝陽科技大
　　學休閒事業管理研究所。

陳君圻（2008）。《生活型態、旅遊型態與旅遊路線之研究——以花
　　蓮地區旅遊為例》。未出版之碩士論文，台中縣，朝陽科技大學
　　閒事業管理研究所。

陳信甫、陳永賓（2003）。《台灣國民旅遊概論》。台北：五南出版社。

張百清（1994）。《顧客滿意萬歲》。台北市：商周文化股份有限公司。

張清波（2006）。《生態旅遊對溼地環境衝擊因子之探討——德爾菲法
　　之應用》。未出版之碩士論文，彰化縣，大葉大學環境工程研究所。

張明洵、林玥秀（1992）。《解說概論》。花蓮縣：內政部營建署太魯閣國家公園管理處。

彭國棟（2008）。《自然保育概論》。台北縣：華立圖書股份有限公司。

黃芳銘（2002）。《結構方程模式理論與應用》。台北：五南。

黃桂珠（2003）。《居民對環境衝擊認知與發展生態旅遊態度之研究——以玉山國家公園梅山地區為例》。未出版之碩士論文，台中縣，朝陽科技大學休閒事業管理研究所。

黃淑君、林慧娟、郭家汝（2003）。解說內容之涉入程度對遊客之環境認知－以陽明山國家公園魚路古道為例。《觀光研究學報》，9(1)。

黃燦煌、陳武正（2000）。台灣地區都市交通品質與旅遊路線選擇型態之研究。《中華道路》，39（4）。

楊明賢（2006）。《解說教育》。台北市：揚智文化事業股份有限公司。

墾丁國家公園管理處（1994）。《墾丁國家公園解說員研習手冊》。屏東市：墾丁國家公園管理處。

趙芝良（1996）。《森林生態旅遊地選址評估模式之研究》。未出版之碩士論文，台中市，國立中興大學園藝研究所。

劉瓊如（2007）。生態旅遊地永續發展評估之研究——以阿里山達邦部落為例。《觀光研究學報》，13 卷 3 期。

營建署（1972）。《國家公園法》。台北市：內政部營建署。

營建署（2005）。《生態旅遊白皮書》。台北市：內政部營建署。

鄭勝華（2003）。生態旅遊的教育價值及實踐途徑——以生態旅遊教學網站建構模式為例。《第七屆台灣地理學術研討會論文集》。台北市：台灣師範大學地理學系。

謝孟君（2003）。《以生態旅遊觀點探討承載量影響因素－以日月潭國家風景區為例》。未出版之碩士論文，台中縣，朝陽科技大學閒事業管理研究所。

鄧天德（1992）。《東北角海岸風景特定區環境教育解說手冊》。台北市：東北角海岸風景特定區管理處。

二、英文部分

Anderson, W. T., & Low, S. P. (1985). *Interpreation of History Site.* Nashville : American Association for State and Local History .

Baker, D. A., & Crompton, J. L. (2000). Quality, satisfaction and behavioral intentions. *Annals of Tourism Research,* 27(3), 785-804.

Blamey, R. K. (2001). Principal of ecotourism. In Weaver, D. B. (Eds). *The encyclopedia of ecotourism.* New York: CPBI, 5-22.

Boyd, S. W., & Butler, R. W. (1996). Managing ecotourism: An opportunity spectrum approach. *Tourism Management,* 17(8), 557-566.

Buckley, R. (1994). A framework for ecotourism. *Annals of Tourism Research,* 21(3), 661-669.

Derwin, C. W., & Piper, J. B. (1988). The African Rock Kopje exhibit evaluation and interpretive emements. *Environment and Behavior,* 20(4), 435-451.

Flognfeldt, T. Jr. (1992). Area, site or route – the different movement patterns of travel in Norway. *Tourism Management,* 13(1), 145-151.

Flognfeldt, T. Jr. (1999). Traveler geographic origin and market segmentation: The multi trips destination case. *Journal of Travel and Tourism Marketing,* 8(1), 111-124.

Grinder, A. L., & McCoy, E. S. (1985). The Good Guide – A Sourcebook for Interpreters. *Docents andTour Guides.* Arizona : Ironwood   Press.

Honey, M. (2001). Ecotourism and Sustaninable Development ： Who Owns Paradise?《生態旅遊及永續發展──誰擁有天堂》（李雪麗、顏家芝、洪得娟、葉美智譯）。台北市：地景出版社，（原文於1999年出版）

Kaplan, D. (2000). *Structural equation modeling: Foundations and extensions*. CA: SAGE.

Kuehner, R. A., & Elsner, G. H. (1978). *Response of Visitors to the Rainbow Trail: An Evaluation of an Interpretation Area in the Lake Tahoe Basin*. California USDA Paper PSW-131, 17pp.

Lue, C. C., Crompton, J. L., & Fesenmaise, D. R. (1993). Conceptualization of multi-destination pleasure trips. *Annals of Tourism Research,* 20(2), 289-301.

Muller, F. G. (2000). Ecotourism: An economical concept for ecological sustainable tourism. *International Journal of Environmental Studies,* 57(3), 241-250.

Oppermann, M. (1995). A model of travel itineraries. *Journal of Travel Research,* 33(4), 57-61.

Pearce, D. G. (1987). Tourism today: A geographical analysis. *Harlow: Longman Scientific and Technical,* 5-20.

Pearce, D. G. (1990). Tourism, the regions and restructuring in New Zealand. *Journal of Tourism Studies,* 1(2), 33-42.

Ross, E. L. D., & Lso-Ahola, S. E. (1991). Sightseeing tourists' motivation and satisfaction. *Annals of Tourism Research,* 18(2), 226-237.

Ross, S., & Wall, G. (1999a). Ecotourism: Towards congruence between theory and practice. *Tourism Management,* 20(1), 123-132.

Ross, S., & Wall, G. (1999b).Evaluating ecotourism: The case of North Sulawasi, Indonesia-The impact of regionalization. *Tourism Management,* 20(6), 673-682.

Sharpe, G. W. (1982). An overview of interpretation. *Interpretating the Environment.* Washington : University ofWashington, 2-26.

Smith, S. L. J. (1983). *Recreational geography.* Longman Group Limited. New York, 26-49.

Tilden, F. (1977). *Interpreting our heritage* (3th ed.). University of North

Carohna Press.

Timm, P. R. (1985). *Customer service.* New York : Prentice Hall Inc.

Wight, P. (1993). Ecotourism: Ethics or eco-sell ? *Journal of Travel Research,* 31(3), 3-9.

Wight, P. (1998). Tools for sustainability analysis in planning and managing tourism and recreation in the destination. In Hall, C. M., & Lew, A. A. (Eds). *Sustainable tourism : A geographical perspective.* United Kingdom: Addison Wesley Longman Limited.

World Tourism Organization. (1996). *What tourism managers need to know : A practical guide to the development and use of indicators of sustainable tourism.* Madrid, Spain: The World Tourism Organization.

附錄

金門鸕鶿季生態旅遊觀賞價值、
周邊服務與附屬價值影響問卷

1. 請在數字或是方格打勾「v」，謝謝！ 2. 數字 1 表示 0-20%的同意程度，依此類推，數字 5 表示 81-100%的同意程度。	非常不同意	不同意	無意見	同意	非常同意
1.藉由網路知道金門鸕鶿季的活動而規劃行程...............	1	2	3	4	5
2.聽親朋好友提過賞鸕鶿的生態旅遊而規劃行程...........	1	2	3	4	5
3.因為親朋好友邀約而一起規劃此次行程.................	1	2	3	4	5
4.透過旅行社安排旅遊行程的規劃.....................	1	2	3	4	5
5.旅行社行前說明讓我知道旅遊有那些景點.............	1	2	3	4	5
6.金門上空許多鸕鶿飛翔讓我留下深刻的印象...............	1	2	3	4	5
7.喜歡觀賞鸕鶿各自成群在空中飛舞.....................	1	2	3	4	5
8.喜歡觀賞鸕鶿空中整齊排列的隊形.....................	1	2	3	4	5
9.棲息在樹林上的鸕鶿相當多而壯觀.....................	1	2	3	4	5
10.鸕鶿覓食捕魚動作熟練優雅.........................	1	2	3	4	5
11.導遊等服務人員導覽講解金門生態的發展.............	1	2	3	4	5
12.導遊等服務人員說明鸕鶿的生活習性.................	1	2	3	4	5
13.導遊等服務人員說明鸕鶿的成長過程.................	1	2	3	4	5
14.導遊等服務人員說明飛行編隊的意義.................	1	2	3	4	5
15.導遊等服務人員說明鸕鶿覓食的過程.................	1	2	3	4	5

	非常不同意	不同意	無意見	同意	非常同意
1. 請在數字或是方格打勾「ｖ」，謝謝！ 2. 數字 1 表示 0-20%的同意程度，依此類推，數字 5 表示 81-100%的同意程度。					
16.搭乘的交通工具遵守交通規則..	1	2	3	4	5
17.座位寬敞舒適..	1	2	3	4	5
18.接駁專車服務人員沿途景點與生態解說..........................	1	2	3	4	5
19.轉乘接駁交通車遵守時間的約定接送..............................	1	2	3	4	5
20.搭乘的交通工具外觀乾淨整潔......................................	1	2	3	4	5
21.膳食安排準時不延誤..	1	2	3	4	5
22.旅途中提供飲水..	1	2	3	4	5
23.餐廳膳食服務快速...	1	2	3	4	5
24.住宿安排房間得宜沒有爭議..	1	2	3	4	5
25.住宿地點安靜適宜...	1	2	3	4	5
26.主動留意生態解說告示牌..	1	2	3	4	5
27.到金門學習到鳥類觀賞的生態知識..............................	1	2	3	4	5
28.對金門人文史蹟的解說有印象......................................	1	2	3	4	5
29.與親朋好友討論生態的環境..	1	2	3	4	5
30.學習到不破壞保育生態的新觀念....................................	1	2	3	4	5
31.知道金門生態的維護單位..	1	2	3	4	5
32.知道金門努力於生態保育工作......................................	1	2	3	4	5
33.知道金門鸕鷀季的鳥類保育特色..................................	1	2	3	4	5
34.記得金門著名景點的名稱..	1	2	3	4	5
35.感到此趟金門旅遊有學習到新事物..............................	1	2	3	4	5

人口統計變項

36. 性別：□男性　□女性

37. 婚姻狀況：□未婚　□已婚

38. 年齡：□20 歲（含）以下　□21-30 歲　□31-40 歲
　　　　□41-50 歲　□51 歲（含）以上

39. 教育程度：□高中職（含）以下　□大專院校　□研究所以上

40. 職業：□教育　□農業　□工業　□商業　□公務人員
　　　　□自由業　□其他（退休、待業、家管等）

41. 個人月收入：□30,000 元（含）以下　□30,001 元-50,000 元
　　　　　□50,001 元-70,000 元　□70,001 元以上

42. 居住地區：□北部地區　□中部地區　□南部地區
　　　　　□東部地區　□離島地區

43. 造訪金門次數：□2 次以下　□3-5 次　□6-8 次　□9 次以上

44. 知道生態旅遊的意義：□不知道　□以前聽過但並不清楚
　　　　　　□觀賞金門鸕鶿與了解相關活動後知道

問卷全部結束，謝謝！

國家圖書館出版品預行編目

金門鸕鶿季生態旅遊議題之研究 / 趙嘉裕著.-
- 一版. -- 臺北市 : 秀威資訊科技, 2009.11
　　面 ；　　公分. -- (社會科學類 ; AF0122)
BOD 版
參考書目 : 面
ISBN 978-986-221-324-7(平裝)

1. 生態旅遊　2. 賞鳥　3. 福建省金門縣

673.19/205.6　　　　　　　　　98019549

社會科學類　　AF0122

金門鸕鶿季生態旅遊議題之研究

作　　者 / 趙嘉裕
發 行 人 / 宋政坤
執行編輯 / 詹靚秋
圖文排版 / 蘇書蓉
封面設計 / 蕭玉蘋
數位轉譯 / 徐真玉　沈裕閔
圖書銷售 / 林怡君
法律顧問 / 毛國樑　律師
出版印製 / 秀威資訊科技股份有限公司
　　　　　台北市內湖區瑞光路 583 巷 25 號 1 樓
　　　　　電話：02-2657-9211　　　傳真：02-2657-9106
　　　　　E-mail：service@showwe.com.tw
經 銷 商 / 紅螞蟻圖書有限公司
　　　　　台北市內湖區舊宗路二段 121 巷 28、32 號 4 樓
　　　　　電話：02-2795-3656　　　傳真：02-2795-4100
　　　　　http://www.e-redant.com

2009 年 11 月 BOD 一版
定價：170 元

讀 者 回 函 卡

感謝您購買本書,為提升服務品質,煩請填寫以下問卷,收到您的寶貴意見後,我們會仔細收藏記錄並回贈紀念品,謝謝!

1. 您購買的書名:＿＿＿＿＿＿＿＿＿＿＿＿＿＿＿＿＿

2. 您從何得知本書的消息?

　　□網路書店　□部落格　□資料庫搜尋　□書訊　□電子報　□書店

　　□平面媒體　□ 朋友推薦　□網站推薦 □其他＿＿＿＿＿＿

3. 您對本書的評價:(請填代號　1.非常滿意 2.滿意 3.尚可 4.再改進)

　　封面設計＿＿　版面編排＿＿　內容＿＿　文/譯筆＿＿　價格＿＿

4. 讀完書後您覺得:

　　□很有收獲　□有收獲　□收獲不多　□沒收獲

5. 您會推薦本書給朋友嗎?

　　□會　□不會,為什麼?＿＿＿＿＿＿＿＿＿＿＿＿＿＿＿＿

6. 其他寶貴的意見:＿＿＿＿＿＿＿＿＿＿＿＿＿＿＿＿＿＿

　　＿＿＿＿＿＿＿＿＿＿＿＿＿＿＿＿＿＿＿＿＿＿＿＿＿＿＿

　　＿＿＿＿＿＿＿＿＿＿＿＿＿＿＿＿＿＿＿＿＿＿＿＿＿＿＿

　　＿＿＿＿＿＿＿＿＿＿＿＿＿＿＿＿＿＿＿＿＿＿＿＿＿＿＿

讀者基本資料

姓名:＿＿＿＿＿＿＿＿＿　年齡:＿＿＿＿　性別:□女 □男

聯絡電話:＿＿＿＿＿＿＿　E-mail:＿＿＿＿＿＿＿＿＿＿

地址:＿＿＿＿＿＿＿＿＿＿＿＿＿＿＿＿＿＿＿＿＿＿＿＿

學歷:□高中(含)以下　　□高中　　□專科學校　　□大學

　　　□研究所(含)以上 □其他＿＿＿＿＿＿＿＿

職業:□製造業 □金融業 □資訊業 □軍警 □傳播業 □自由業

　　　□服務業 □公務員 □教職　□學生 □其他＿＿＿＿＿

To：114

台北市內湖區瑞光路 583 巷 25 號 1 樓

秀威資訊科技股份有限公司　　　收

寄件人姓名：

寄件人地址：□□□

(請沿線對摺寄回,謝謝!)

秀威與 BOD

BOD（Books On Demand）是數位出版的大趨勢，秀威資訊率先運用 POD 數位印刷設備來生產書籍，並提供作者全程數位出版服務，致使書籍產銷零庫存，知識傳承不絕版，目前已開闢以下書系：

一、BOD 學術著作—專業論述的閱讀延伸
二、BOD 個人著作—分享生命的心路歷程
三、BOD 旅遊著作—個人深度旅遊文學創作
四、BOD 大陸學者—大陸專業學者學術出版
五、POD 獨家經銷—數位產製的代發行書籍

BOD 秀威網路書店：www.showwe.com.tw
政府出版品網路書店：www.govbooks.com.tw

永不絕版的故事·自己寫·永不休止的音符·自己唱